दौलत-विलास

पद-संग्रह

ज्ञान गरिमा के
65 वर्ष

भारतीय ज्ञानपीठ

कविवर दौलतराम रचित

दौलत-विलास

सम्पादन-अनुवाद

डॉ. वीरसागर जैन

भारतीय ज्ञानपीठ

मूर्तिदेवी ग्रन्थमाला : हिन्दी ग्रन्थांक 28

कविवर दौलतराम रचित

दौलत-विलास

सम्पादन-अनुवाद : डॉ. वीरसागर जैन

पहला संस्करण : 2000
दूसरा संस्करण : 2004
तीसरा संस्करण : 2009

ISBN 978-81-263-1788-2

प्रकाशक :
भारतीय ज्ञानपीठ
18, इन्स्टीट्यूशनल एरिया, लोदी रोड
नयी दिल्ली-110 003

मुद्रक : बी. के. ऑफसेट, दिल्ली-110032

तीसरा संस्करण : 2009
मूल्य : 90 रुपये

DAULAT-VILAS
(Poetry)
Edited and translated by
Dr. Veersagar Jain

Published by
Bharatiya Jnanpith
18, Institutional Area, Lodi Road
New Delhi-110 003
e-mail : jnanpith@satyam.net.in, sales@jnanpith.net
website : www.jnanpith.net

Third Edition : 2009
Price : Rs. 90

आत्मकथन

मध्यकालीन हिन्दी जैन-कवियों के पद अपनी अनेक विशेषताओं के कारण मुझे प्रारम्भ से ही आकर्षित करते रहे हैं। उनमें भी बनारसीदास, द्यानतराय, भूधरदास, बुधजन, दौलतराम, भागचन्द आदि कतिपय कवियों के पद मुझे विशेष अधिक प्रिय लगते हैं। तथा इनमें भी कविवर दौलतराम के पदों की बात मेरे लिए कुछ और ही है। मैं उनको बार-बार एकान्त में भी बड़े मनोयोग से गाता-गुनगुनाता रहता हूँ और उनके द्वारा हर बार एक नयी जीवन-ऊर्जा प्राप्त करता रहता हूँ। उनसे मुझे जो आनन्द प्राप्त होता है वह वचनातीत है। साहित्य, संगीत, भक्ति, अध्यात्म आदि अनेक दृष्टियों से कविवर दौलतराम के पद मुझे उत्कृष्ट प्रतीत होते हैं।

प्रस्तुत 'दौलत-विलास' कविवर दौलतराम के इन्हीं समस्त पदों का संग्रह है, जिसे यहाँ इस पवित्र भावना से प्रेरित होकर प्रस्तुत किया जा रहा है कि श्रेष्ठ साहित्यिक विद्वानों से लेकर सामान्य भक्ति-रसिक पाठकों तक, सभी को इनसे लाभ मिल सके। आशा है विद्वद्गण इनका यथार्थ मूल्यांकन करेंगे।

यह कृति कविवर दौलतराम के द्वितीय जन्म-शताब्दी के अवसर पर प्रकाशित हो रही है—यह प्रसन्नता की बात है।

कविवर दौलतराम की दो कृतियाँ उपलब्ध हैं—'छहढाला' और 'दौलत-विलास'। इनमें से 'छहढाला' का तो अनेक विद्वानों द्वारा सम्पादन-अनुवाद हो चुका है और उसके विविध संस्करण भी आज सर्वत्र सहज उपलब्ध हैं, परन्तु 'दौलत-विलास' का सम्पादन-अनुवाद अभी तक नहीं हुआ था और वह दुष्प्राप्य भी था। अतः इसके प्रकाशन से इस बड़े अभाव की पूर्ति हो रही है—यह भी एक सन्तोष का विषय है।

प्रस्तुत कृति के सम्पादन-कार्य में मैंने अनेक हस्तलिखित एवं मुद्रित प्रतियों का मिलान करके पाठ-निर्धारण का भी प्रयत्न किया है, परन्तु जहाँ कहीं मुझसे शुद्ध पाठ का निर्णय नहीं हो सका है वहाँ मैंने उसके पाठान्तरों को पाद-टिप्पणी में दे दिया है, ताकि विद्वद्गण यथोचित निर्णय कर सकें।

कृति के अनुवाद के सम्बन्ध में मेरा विनम्र निवेदन यह है कि यद्यपि इसमें मैंने बहुत परिश्रम किया है; शब्दों के नियोजन और उनकी अर्थ-संगति बैठाते हुए संस्कृत-हिन्दी- ब्रजभाषा के शब्दकोशों और जैनदर्शन के सिद्धान्त-ग्रन्थों की तो

सहायता ली ही है, इस बात की भी बड़ी सावधानी रखी है कि कहीं किंचित् भी अन्यथा कथन न हो; तथापि सम्भव है कि कहीं कोई भूल-चूक रह गयी हों। सुधी पाठकों से अनुरोध है कि वे उनकी ओर मेरा ध्यान आकर्षित करने की कृपा करें, ताकि आगामी संस्करण में उन्हें ठीक किया जा सके।

अन्त में, मैं इस कृति के उत्तम प्रकाशन हेतु देश के ख्यातिप्राप्त साहित्यिक संस्थान भारतीय ज्ञानपीठ के प्रति हृदय से आभार प्रकट करता हूँ।

– वीरसागर जैन

प्रस्तावना

कृति का नाम और उसका अर्थ

प्रस्तुत कृति का नाम 'दौलत-विलास' है। 'दौलत-विलास' का अर्थ है—दौलतराम का विलास। 'विलास' शब्द का प्रयोग प्रायः क्रीड़ा, विनोद, मनोरंजन या खेल के अर्थ में होता है, परन्तु यहाँ उसका अर्थ 'काव्य-क्रीड़ा' या 'काव्य-रचना' से ही ग्रहण करना चाहिए, क्योंकि यही दौलतराम की क्रीड़ा, विनोद, मनोरंजन या खेल है। इसप्रकार 'दौलत-विलास' का अर्थ हुआ—कविवर दौलतराम की काव्य-रचना।

परन्तु यहाँ हमें 'दौलत-विलास' का एक अन्य अर्थ आध्यात्मिक दृष्टि से भी अवश्य समझना चाहिए, क्योंकि यह उच्च कोटि का आध्यात्मिक ग्रन्थ है। आध्यात्मिक दृष्टि से 'दौलत-विलास' का अर्थ इस प्रकार है—'दौलत' अर्थात् ज्ञान-दर्शनादि अनन्त स्वाभाविक गुणों के समूहरूप अपना आत्मा और 'विलास' अर्थात् उसमें क्रीड़ा करना, विचरण करना या रमण करना। तात्पर्य यह है कि अनन्तगुणमय अपने आत्मा को जानना, पहचानना और निरन्तर उसी में क्रीड़ा करना—रमण करना ही वास्तव में 'दौलत-विलास' है।[1]

प्रस्तुत कृति में ऐसे ही आध्यात्मिक दौलत-विलास की बारम्बार चर्चा की गयी है, प्रेरणा दी गयी है और सम्यक् विधि बताई गयी है, अतः इस कृति को 'दौलत-विलास' कहना उचित है। तथा इस कृति के अध्ययन का फल 'दौलत-विलास' (आतम-राम में रमण) है, इसलिए भी इसे 'दौलत-विलास' कहना न्यायसंगत है।

---

1. पण्डित दौलतराम कासलीवाल (वि. सं. 1749 से 1829) ने भी अपने 'अध्यात्मबारहखड़ी' (अद्यावधि अप्रकाशित) एवं 'विवेक विलास' नामक काव्य में लिखा है कि चैतन्यप्रकाशरूप अनन्त आत्मशक्ति का नाम ही दौलत, कमला, पद्मा, रमा या लक्ष्मी है और इस आत्मसत्ता में रमण करने का नाम ही विलास या क्रीड़ा है। इसके अतिरिक्त किसी अन्य को न तो 'दौलत' कहते हैं और न ही 'विलास'। यथा—

"चित्प्रकाश निजशक्ति जो, तेरी नाथ विशाल। सो कमला, पद्मा, रमा, लक्ष्मी दौलति माल ॥
अवर न संपत्ति द्रव्य को, धन विभूति कछु नाँहि। जग की भूति जु भूति है, निजपरिणति तुव माँहि ॥"
—अध्यात्मबारहखड़ी, छन्दांक—ञ 19-20

"क्रीड़ा नाम न और को, क्रीड़ा निज अनुभूति। जो निज सत्ता मैं रमैं, विलसै ज्ञान विभूति ॥"
—विवेक विलास, छन्दांक 422

विलाससंज्ञक रचनाएँ और उनका नामकरण

हिन्दी-साहित्य के इतिहास में विलाससंज्ञक रचनाएँ विपुल मात्रा में दृष्टिगोचर होती हैं। जैन और जैनेतर—उभयविध कवियों की विलाससंज्ञक रचनाओं का हिन्दी में अत्यन्त विशाल भण्डार उपलब्ध है। यदि कोई विद्वान छात्र चाहे तो इस विषय पर किसी विश्वविद्यालय से शोध-कार्य (पी-एच. डी.) कर सकता है।

विलाससंज्ञक रचनाओं के इस भण्डार को गुणवत्ता और मात्रा—दोनों ही दृष्टियों से समृद्ध करने में जैन कवियों का योगदान अविस्मरणीय है। 'दौलत-विलास' के अतिरिक्त अन्य जैन कवियों की कतिपय प्रमुख विलाससंज्ञक रचनाएँ इस प्रकार हैं—

1.	वसन्त-विलास	सुमतिकीर्ति	विक्रम की 17वीं सदी
2.	बनारसी-विलास	कविवर बनारसीदास	वि. सं. 1771
3.	चिद्विलास	पं. दीपचन्द शाह	वि. सं. 1779
4.	धर्म-विलास	कविवर द्यानतराय	वि. सं. 1780
5.	आगम-विलास	कविवर द्यानतराय	विक्रम की 18वीं सदी
6.	ब्रह्म-विलास	भैया भगवतीदास	विक्रम की 18वीं सदी
7.	देवीदास-विलास	देवीदास	विक्रम की 18वीं सदी
8.	विवेक-विलास	पं. दौलतराम कासलीवाल	वि. सं. 1827
9.	बुद्धि-विलास	बखतराम शाह	वि. सं. 1827
10.	जिनगुण-विलास	नथमल बिलाला	विक्रम की 19वीं सदी
11.	वृन्दावन-विलास	कविवर वृन्दावनदास	विक्रम की 19वीं सदी
12.	बुधजन-विलास	कविवर बुधजन	वि. सं. 1892

यहाँ यदि उक्त सभी विलाससंज्ञक रचनाओं के नामों को ध्यान से देखा जाए तो इस दृष्टि से ये रचनाएँ हमें दो प्रकार की दिखाई देती हैं। एक वे हैं जिनका नाम कवि के नाम पर आधारित है, यथा—बनारसी-विलास, बुधजन-विलास आदि। और दूसरी वे हैं जिनका नाम कवि के नाम पर नहीं, अपितु उनकी विषयवस्तु की प्रकृति पर आधारित है, यथा—ब्रह्म-विलास, आगम-विलास आदि।

इस दो प्रकार के नामकरण का कारण शोधपूर्ण दृष्टि से देखने पर हमें यह ज्ञात होता है कि जिन रचनाओं का नाम विषय-वस्तु की प्रकृति पर आधारित है वह तो ठीक है; परन्तु जिन रचनाओं का नाम कवि के नाम पर आधारित है, उनका नामकरण कवि ने स्वयं नहीं किया है, अपितु बाद में किसी अन्य प्रस्तुतकर्ता ने उस कवि की छोटी-छोटी अनेक या सभी रचनाओं को एकत्र संगृहीत कर उसका नाम कवि के नाम पर रख दिया है।

इस सन्दर्भ में 'बनारसी-विलास' की अन्तिम प्रशस्ति का एक छन्द अत्यन्त महत्त्वपूर्ण है जिसमें स्पष्टतया ही यह लिखा है कि कविवर बनारसीदास के बाद

पं. जगजीवन ने उनकी अनेक छोटी-छोटी रचनाओं को एक जगह संगृहीत करके उसका नाम 'बनारसी-विलास' रख दिया है। यथा–

''समै जोग पाइ जगजीवन विख्यात भयो, ज्ञानिन की मंडली मैं जिसको विकास है।
तिननै विचार कीना नाटक बनारसी का, आपु के निहारिवे को आरसी प्रकास है ॥
और काव्य घनी खरी करी है बनारसी ने, सो भी क्रम से एकत्र किये ज्ञान भास है।
ऐसी जानि एक ठौर, कीनी सब भाषा जोर, ताको नाम धर्‌यो यो बनारसी विलास है ॥''

अर्थात् कविवर बनारसीदास के बाद ज्ञानियों की मण्डली में पण्डित जगजीवन प्रसिद्ध हुए। उन्होंने विचार किया कि बनारसीदास जी ने 'समयसार नाटक' तो ऐसा लिखा ही है कि आत्मदर्शन के लिए दर्पण के समान है, परन्तु उन्होंने अन्य भी अनेक सुन्दर काव्य लिखे हैं, अतः उन्हें भी एकत्र करना चाहिए। और फिर उन्होंने इन्हें एकत्र करके इस संग्रह का नाम 'बनारसी-विलास' रखा है।

इस प्रकार यह स्पष्ट है कि जिन विलाससंज्ञक रचनाओं का नाम कवि के नाम पर आधारित है, उनका नामकरण कवि ने स्वयं नहीं किया है, अपितु किसी अन्य प्रस्तुतकर्ता/संग्रहकर्ता ने किया है।

प्रस्तुत कृति 'दौलत-विलास' का नामकरण भी कवि-नाम-आधारित है, अतः स्पष्ट है कि इसका यह नामकरण कविवर दौलतराम ने स्वयं नहीं किया है, अपितु बाद में किसी अन्य प्रस्तुतकर्ता या संग्रहकर्ता ने उनकी सभी रचनाओं को संकलित करके उसका नाम 'दौलत-विलास' रखा है। परन्तु वह संग्रहकर्ता कौन था–इसकी हमें कोई जानकारी नहीं प्राप्त होती।

'दौलत-विलास' की विषय-वस्तु

प्रस्तुत 'दौलत-विलास' में सर्वप्रथम मंगलाचरण-स्वरूप एक देव-स्तुति है और उसके बाद स्वतन्त्रतया एक-एक करके 124 पद हैं।

(क) देव-स्तुति–यह 'सकल ज्ञेय ज्ञायक......' की वही सुप्रसिद्ध देव-स्तुति है जिसे हजारों लोग प्रतिदिन भाव-विभोर होकर जिन-प्रतिमा के समक्ष गाते हैं। इसमें सर्वप्रथम एक दोहा है, तदनन्तर 16 पद्धरि छन्द हैं और अन्त में फिर एक दोहा है। इसमें जिनेन्द्र देव का सच्चा स्वरूप बताते हुए उनकी स्तुति की गयी है। कहा गया है कि जिनेन्द्रदेव सम्पूर्ण ज्ञेयों को जानते हुए भी अपने आत्मिक सुख में निमग्न हैं, वीतराग-विज्ञान से भरपूर हैं, ज्ञानावरणादि घातिया कर्मों से रहित हैं और केवलज्ञानादि से सहित हैं। वे मोहरूपी अन्धकार को नष्ट करनेवाले हैं, ऐसी परम शान्त मुद्रा के धारक हैं जो भव्यजीवों को आत्मानुभूति का कारण होती है और उनके गुणों का चिन्तन करने से स्व-पर-विवेक प्रकट हो जाता है। इस प्रकार यह पूरी ही स्तुति भक्ति एवं अध्यात्म रस से ओत-प्रोत है।

(ख) पद–'देव-स्तुति' के बाद प्रस्तुत 'दौलत-विलास' में कविवर दौलतराम के 124 पदों का संग्रह है; जिसमें पद तो वस्तुतः 122 ही हैं, शेष अन्तिम 2 तो जकड़ियाँ हैं। 'जकड़ी' एक अन्य प्रकार का सम्बोधन-काव्य होता है, जिसके द्वारा कवि संसारी जीवों को आत्महित-हेतु सम्बोधित करते हैं।[1] यहाँ भी इन दोनों जकड़ियों में कविवर दौलतराम ने ऐसा ही किया है। पहली जकड़ी में 11 छन्दों में जीव के संसार-भ्रमण का क्रमिक चित्रण करते हुए सम्यग्दर्शन-ज्ञान-चारित्रमय आत्मा के श्रद्धान-ज्ञान करने और फिर उसी में लीन होने की मंगल प्रेरणा दी है। तथा दूसरी जकड़ी में 5 छन्दों में संसार, शरीर एवं भोगों से विरक्त होकर अनन्तज्ञानमय निजपद की आराधना की उत्तम शिक्षा दी गयी है।

पदों में से लगभग आधे पद भक्ति या स्तुति-विषयक हैं और आधे पद तात्त्विक या आध्यात्मिक हैं। कुछ गिने-चुने पद इन दोनों के अतिरिक्त भी हैं।

भक्ति-विषयक और आध्यात्मिक विभाजन के सन्दर्भ में यहाँ यह समझ लेना चाहिए कि भक्ति-विषयक पदों में अध्यात्म और आध्यात्मिक पदों में भक्ति प्रायः सर्वत्र इस प्रकार मिली हुई है कि उनको सर्वथा पृथक्-पृथक् नहीं किया जा सकता, तथापि स्थूल दृष्टि से मुख्यता-गौणता के आधार पर ऐसा किया है।

भक्तिविषयक पदों में अधिकतर पद देव-स्तुति-विषयक हैं, कुछेक पद शास्त्र-स्तुति-विषयक हैं और कुछेक पद गुरु-स्तुति-विषयक।

देवस्तुति विषयक पदों में 26 पद तीर्थंकर-स्तुति-विषयक हैं और 31 पद सामान्य जिन-स्तुति-विषयक। तीर्थंकर-स्तुति विषयक पदों में तीर्थंकर ऋषभदेव या आदिनाथ, अभिनन्दन, पद्मप्रभ, चन्द्रप्रभ, वासुपूज्य, शान्तिनाथ, कुन्थुनाथ, नमिनाथ, नेमिनाथ, पार्श्वनाथ और महावीर की भावपूर्ण स्तुति की गयी है। सामान्य-जिन-स्तुति-विषयक पदों में किसी एक तीर्थंकर विशेष या अरिहन्त विशेष की स्तुति नहीं है, अपितु सामान्य रूप से जिनेन्द्रदेव की स्तुति है जिसे किसी भी वीतराग-सर्वज्ञ जिनदेव के विषय में समझा जा सकता है।

देव-स्तुति-विषयक इन समस्त पदों में बारम्बार जिनेन्द्रदेव के बाह्य एवं अभ्यन्तर गुणों का वर्णन करते हुए उनकी अपरम्पार महिमा बताई गयी है, उनकी वीतराग मुद्रा के दर्शन का फल स्व-पर-भेदविज्ञान और आत्मानुभूति बताया गया है, उनके द्वारा प्रदर्शित सन्मार्ग पर चलने की भावना की गयी है, उनसे अपने उद्धार की प्रार्थना भी

---

1. "जखड़ी का अर्थ है–जकड़ा हुआ। जखड़ी एक प्रकार का सम्बोधन-काव्य है। हिन्दी के अनेक जैन कवियों ने अपने-अपने ढंग से संसारी जीवों को सम्बोधित करने के लिए जखड़ियों की रचना की है जिनमें भूधरदास, दौलतराम, रूपचन्द जैसे कवियों के नाम उल्लेखनीय हैं।" –कविवर बुधजन : व्यक्तित्व एवं कृतित्व (डॉ. मूलचन्द शास्त्री), पृष्ठ 31; श्री महावीर ग्रन्थ अकादमी, जयपुर; संस्करण–जुलाई 1986.

की गई है, वे जहाँ से मोक्ष गये—ऐसे सम्मेदशिखर आदि तीर्थक्षेत्रों की वन्दना की गयी है और उनसे विपरीत कुदेव आदि को रागी-द्वेषी होने के कारण देव मानने का निषेध किया गया है।

शास्त्र-स्तुति विषयक पदों में जिनवाणी का स्वरूप बताते हुए उसकी बारम्बार विविध प्रकार से प्रशंसा की गयी है। कहा गया है कि जिनवाणी वीतराग-सर्वज्ञदेव की वाणी है, वीतरागता का पोषण करती है, राग-द्वेष रूपी रोग को दूर करती है, जीव को स्व और पर का भेदज्ञान कराती है, चेतन-स्वभाव और कर्म-स्वभाव को भिन्न-भिन्न दिखाती है, कोटि जिह्वाओं से इन्द्रादि भी इसकी महिमा को नहीं कह सकते हैं, इत्यादि। इसके अतिरिक्त शास्त्र-स्तुति-विषयक पदों में कहीं-कहीं जगत्-जीवों को ऐसी प्रेरणा भी दी गयी है कि "और सबै जगद्वंद मिटाओ, लौ लाओ जिनआगम ओरी' तथा 'नित पीज्यो धीधारी ! जिनवाणी सुधा-सम जानके'।

गुरु-स्तुति-विषयक पदों में गुरु अर्थात् निर्ग्रन्थ दिगम्बर मुनि का स्वरूप समझाते हुए बारम्बार उनकी विविध प्रकार से स्तुति की गयी है। कहा गया है कि जिन्होंने राग-द्वेष को त्याग दिया है, वे ज्ञानी-ध्यानी मुनिराज ही हमारे गुरु हैं—"जिन राग-द्वेष त्यागा, वह सतगुरू हमारा।", वे निरन्तर समभाव में लीन रहते हैं, शत्रु-मित्र, कंचन-काँच, मणिजड़ित महल व पर्वत-गुफा को समान समझते हैं, उनमें कहीं भी किंचित् भी राग या द्वेष नहीं करते हैं। वे निरन्तर आत्मस्वरूप में लीन रहकर अपनी सम्यग्दर्शन-ज्ञान-चारित्ररूपी निधि की रक्षा करते हैं, इत्यादि। इसके अतिरिक्त गुरु-स्तुति विषयक इन पदों में कवि ने गुरु-दर्शन की प्रबल अभिलाषा प्रकट करते हुए स्वयं भी ऐसी भावना भायी है कि "मेरे कब है वा दिन की सुघरी। तन बिन वसन असन बिन वन में, निवसों नासा दृष्टि धरी ॥"

आध्यात्मिक पदों में शुद्ध आत्मा के स्वरूप का पारमार्थिक चित्रण करते हुए पुनः पुनः उसके ज्ञान-ध्यान की प्रबल प्रेरणा दी गयी है। कहा गया है कि आत्मा का स्वरूप परमार्थ से समस्त परद्रव्यों, परभावों और रागादि विभावों से भिन्न है; अनुपम, अद्भुत एवं सिद्ध-समान अविकारी-अविनाशी है। उसे अच्छी तरह जानकर उसी का ध्यान करो। वही जिनवाणी के कोटि ग्रन्थों का सार है। उसे जाने बिना कोई कितना ही तपश्चरण आदि करे, सब निष्फल है, इत्यादि। इसके अतिरिक्त इन आध्यात्मिक पदों में ज्ञानी जीवों की 'अटपटी' अन्तर्बाह्य दशा का चित्रण किया गया है, होली आदि त्यौहारों को आध्यात्मिक रूप में प्रस्तुत किया गया है, वस्तु-स्वरूप के सम्बन्ध में ज्ञानियों और मोहियों का चिन्तन कैसा होता है—इसे तुलनात्मक रीति से समझाया गया है, पंचेन्द्रिय विषयों से बचकर श्रीगुरु की सीख को अपने जीवन में उतारने का हृदयस्पर्शी उपदेश दिया गया है और प्राप्त अवसर की महादुर्लभता का प्रतिपादन करते हुए संसार-शरीर-भोगों से विरक्त होने की प्रेरणा दी गयी है।

भक्ति एवं अध्यात्म के अतिरिक्त 'दौलत-विलास' में कुछ गिने-चुने पद अन्य कोटि के भी मिलते हैं। इनमें कहीं अज्ञानी जीव के विडंबनापूर्ण क्रिया-कलापों पर दुःख प्रकट किया गया है (पद 117), कहीं मृत्यु की अनिवार्यता का वैराग्योत्पादक चित्रण किया गया है (पद 122), कहीं जैनधर्म की महिमा को प्रकाशित किया गया है (पद 79) तो कहीं 'साधर्मि-मिलन की घड़ी' को 'धन्य-धन्य' कहा गया है (पद 80)–"धन धन साधर्मी जन मिलन की घरी।"

'दौलत-विलास' पर प्राचीन प्राकृत-संस्कृत ग्रन्थों का प्रभाव

'दौलत-विलास' का काव्य किसी साधारण व्यक्ति की कविता नहीं है, अपितु एक ऐसे साधक कवि की अनुभूतियों की अभिव्यक्ति है जिसके जीवन का मानो एक ही आदर्श वाक्य था–'अज्झयणमेव ज्झाणं' (अर्थात् अध्ययन ही ध्यान है) और जो निरन्तर शास्त्रों के अध्ययन-चिन्तन में लगा रहता था। जैसा कि आगे कवि के जीवन-परिचय से भी स्पष्ट होगा कि वे जब अलीगढ़ में कपड़े छापने का कार्य करते थे उस समय भी अपने पास चौकी पर किसी पूर्वाचार्य-प्रणीत प्राकृत-संस्कृत-ग्रन्थ को विराजमान कर कण्ठस्थ करते रहते थे।

प्रतीत होता है कि 'दौलत-विलास' के कवि ने पूर्वाचार्य-प्रणीत प्राकृत-संस्कृत ग्रन्थों को न केवल पढ़ा और कण्ठस्थ किया था, अपितु उनके एक-एक शब्द के अर्थ और औचित्य को भी गहराई से समझा था। यही कारण है कि 'दौलत-विलास' की कविता पर प्राचीन प्राकृत-संस्कृत-ग्रन्थों का अत्यधिक प्रभाव दृष्टिगोचर होता है। न केवल प्रभाव दृष्टिगोचर होता है, कतिपय स्थलों पर तो ऐसा प्रतीत होता है मानो अनुवाद ही है। उदाहरणार्थ निम्न स्थल तुलनात्मक दृष्टि से पठनीय हैं–

1. "मूरख अघकर्म कहा भेदे नहिं मर्म लहा,
लागे दुख ज्वाल की न देह के तताई॥
जम के रव बाजते सु भैरव अति गाजते,
अनेक प्रान त्यागते सुने कहा न भाई ॥
हे नर ! भ्रमनींद क्यों न छाँडत दुखदाई ॥" –दौलत-विलास, पद 99

"किं मर्माण्यभिनन्न भीकरतरो दुष्कर्मगर्मुद्गणः,
किं दुःखज्वलनावलीविलसितैर्नालेढि देहश्चिरम्।
किं गर्जद्यमतूरभैरवरवान्नाकर्णयन्निर्णयं
येनायं न जहाति मोहविहितां निद्रामभद्रां जनः ॥" –आत्मानुशासन 99

2. "काहू कुतिय काहू कुबान्धव कहुँ सुता व्यभिचारिणी।
किसहू विसनरत पुत्र दुष्ट कलत्र कोऊ पर ऋणी ॥"
–दौलत-विलास, पद 123

"कस्स वि दुट्ठ कलत्तं, कस्स वि दुव्वसणवसणिओ पुत्तो।
कस्स वि अरिसमबंधू, कस्स वि दुहिदा वि दुच्चरिया ॥"

—कार्तिकेयानुप्रेक्षा, गाथा 53

3. "कामधेनु सुरतरु चिन्तामणि, इक भव सुख करतारी।"

—दौलत-विलास, पद 35

"अपि प्रयाता वशमेकजन्मनि, द्युधेनुचिन्तामणिकल्पपादपाः।'

—पद्मनंदि-पंचविंशतिका, श्लोक 794

4. "जो विधि-अरी करी हमरी गति, सो तुम जानत सारी।
याद किये दुख होत हिये ज्यों लागत कोट कटारी ॥"

—दौलत-विलास, पद 52

"जानासि त्वं मम भव-भवे यच्च यादृच्च दुखं,
जातं यस्य स्मरणमपि मे शस्त्रवन्निष्पिनष्टि।"

—एकीभावस्तोत्र, श्लोक 11

5. "जे जे पावन वस्तु जगत में, ते इस सर्व बिगारी।"

—दौलत-विलास, पद 113

"सुट्ठु पवित्तं दव्वं, सरस-सुगंधं मणोहरं जं पि।
देह-णिहित्तं जायदि, घिणावणं सुट्ठु-दुग्गंधं ॥"

—कार्तिकेयानुप्रेक्षा, गाथा 84

6. "ध्यान-दौं माँहि विधि-दारु प्रजराहिं,
शिर केश शुभ किधों धूवाँ विथारी।" —दौलत-विलास, पद 4

"हिययत्थझाणसिहिओज्झमाण सहसा सरीर धूमो व्व।
सोहइ जिण तुह सीसे महुयरकुलसणिहकेसभरो ॥"

पद्मनंदि-पंचविंशतिका, श्लोक 699

7. "ज्ञान दरश अरु राग फरस रस, निज पर चिह्न भ्रमरना।
सन्धि-भेद बुधि-छैनी तें करि, निज गहि पर परिहरना ॥"

—दौलत-विलास, पद 97

"जीवो बंधो य तहा छिज्जंति सलक्खणेहिं णियएहिं।
बंधो छेददव्वो सुद्धो अप्पा य घेत्तव्वो ॥"

—समयसार, गाथा 295

इसी प्रकार और भी अनेक स्थल प्रस्तुत किये जा सकते हैं, परन्तु विस्तार-भय

के कारण सम्भव नहीं है।

'दौलत-विलास' पर पूर्वाचार्य-प्रणीत प्राकृत-संस्कृत-ग्रन्थों के अत्यधिक प्रभाव से यहाँ मात्र यही सिद्ध नहीं होता कि 'दौलत-विलास' का कवि एक गहन स्वाध्यायी विद्वान था, अपितु यह भी सिद्ध होता है कि 'दौलत-विलास' का काव्य पूर्णतया आगमानुकूल एवं प्रामाणिक है, उसका महत्त्व समयसार, प्रवचनसार, कार्तिकेयानुप्रेक्षा आदि ग्रन्थों की गाथाओं और समाधितन्त्र, आत्मानुशासन, पद्मनन्दि-पंचविंशति आदि ग्रन्थों के श्लोकों से किंचित् भी कम नहीं है।

'दौलत-विलास' का महत्त्व

'दौलत-विलास' मध्यकालीन हिन्दी जैन-साहित्य की एक अत्यन्त महत्त्वपूर्ण कृति है। उसका महत्त्व अनेक दृष्टियों से विशेष उल्लेखनीय है। यद्यपि यहाँ उन सभी दृष्टियों को उद्धरण देकर स्पष्ट करना आवश्यक है, परन्तु विस्तार-भय के कारण संकेत मात्र करके सन्तोष करते हैं। यथा–

(क) **विलाससंज्ञक साहित्य-परम्परा**–हिन्दी साहित्य के मध्यकाल में विलास-संज्ञक साहित्य पर्याप्त मात्रा में उपलब्ध होता है, किन्तु उसमें से अधिकांश तो श्रृंगार के नाम पर कामभाव को ही उद्दीप्त करनेवाला है और शेष भी 'दौलत-विलास' जैसा नहीं है। उसमें ऐसे भक्ति, अध्यात्म आदि तत्त्व और वह भी ऐसी साहित्यिक प्रस्तुति में नहीं हैं। 'दौलत-विलास' अपनी इन्हीं भाव व कला–उभयपक्षीय विशिष्टताओं के कारण हिन्दी की समूची विलाससंज्ञक साहित्य-परम्परा का शिरोमणि है।

(ख) **संगीत**–'दौलत-विलास' संगीत की दृष्टि से भी एक महत्त्वपूर्ण कृति है। सारंग, मालकोष, आसावरी, जोगीरासा, माँढ, भैरवी, बरवा, गौरी आदि विभिन्न रागों में रचित उसके पद किसी भी सहृदय पाठक को मन्त्रमुग्ध करने की अद्भुत क्षमता रखते हैं। किसी संगीतज्ञ को इस पर स्तरीय कार्य करना चाहिए।

(ग) **भक्ति**–भक्ति 'दौलत-विलास' का प्रमुख विषय है, किन्तु महत्त्वपूर्ण बात यह है कि वह भक्ति सर्वत्र जैन-सिद्धान्तों के अनुकूल है। उसमें कहीं भी भक्ति के आवेग में सिद्धान्तों का उल्लंघन नहीं है, जैसा कि अनेक भक्तकवियों के काव्य में देखने को मिलता है। 'दौलत-विलास' में कहीं भी भगवान को कर्ता-धर्ता नहीं बताया गया है और न ही भक्ति के फल में किसी प्रकार की सांसारिक अभिलाषा प्रकट की गयी है, अपितु सर्वत्र भगवान के वीतरागता-सर्वज्ञता आदि गुणों की ही स्तुति की गयी है और भक्ति का फल भी एक आत्मदर्शन या आत्मानुभव ही बताया गया है।

(घ) **अध्यात्म**–'दौलत-विलास' अध्यात्म-निरूपण की दृष्टि से भी एक महत्त्वपूर्ण कृति है। अध्यात्म का इतना गूढ़ या सूक्ष्म निरूपण और वह भी इतना सरस हिन्दी-काव्य की शायद ही किसी अन्य कृति में देखने को मिले। यही कारण है कि

विद्वानों ने इसे एक स्वर से अध्यात्मरस से सराबोर कृति कहा है। 'हिन्दी विश्वकोश' (भाग 10, पृष्ठ 721) तक में लिखा है कि "आपने (दौलतराम ने) सैकड़ों पदों की रचना की है जो अपने ढंग के निराले और अध्यात्मरस के आकर हैं।"

(ङ) **प्रामाणिकता**—'दौलत-विलास' के पदों में पद-पद पर जैन तत्त्वज्ञान का निरूपण भी मिलता है जो वस्तुतः अत्यन्त गूढ़-गम्भीर है। उसमें भी जैनभक्ति और जैन-अध्यात्म—ये दो विषय तो और भी जटिल हैं। उनका सम्यक् प्रतिपादन कोई आसान काम नहीं है, क्योंकि उसके लिए आत्मसाधना एवं काव्यसाधना—दोनों की बड़ी आवश्यकता होती है। यही कारण है कि हिन्दी के अनेक कवि इन विषयों के प्रतिपादन में स्थान-स्थान पर चूक गये दिखाई पड़ते हैं। अतः यहाँ यह बहुत बड़ी बात है कि 'दौलत-विलास' इस विषय में अत्यन्त प्रामाणिक है, पूर्वाचार्यसम्मत है और उसमें कहीं कोई स्खलन नहीं दिखाई देता।

(च) **ज्ञान-वैराग्य और निश्चय-व्यवहार का समन्वय**—'दौलत-विलास' इसलिए भी विशेष महत्त्वपूर्ण है कि इसमें ज्ञान और वैराग्य एवं निश्चय और व्यवहार का भी समुचित समन्वय हुआ है। इसमें जिसप्रकार उत्कृष्ट भावों को उत्कृष्ट शिल्प में प्रस्तुत किया गया है, उसीप्रकार ज्ञान को वैराग्य के साथ, वैराग्य को ज्ञान के साथ, निश्चय को व्यवहार के साथ और व्यवहार को निश्चय के साथ ही प्रस्तुत किया गया है। और यह बहुत बड़ी बात है, क्योंकि इसके बिना जैन तत्त्वज्ञान का सम्यक् प्रतिपादन नहीं हो सकता। हिन्दी के अनेक कवियों के काव्य में यह संतुलन नहीं मिलता। निश्चय-व्यवहार-समन्वय के सन्दर्भ में कवि की निम्न पंक्तियाँ द्रष्टव्य है—

"ऐसा पद चाहै तो भज निज, बार बार अब को उचरै ?
'दौल' मुख्य उपचार रतनत्रय जो सेवै तो काज सरै ॥" (पद 124)

(छ) **भाषा**—भाषा की दृष्टि से भी 'दौलत-विलास' का महत्त्व विशेष उल्लेखनीय है, क्योंकि खड़ी बोली हिन्दी की ऐसी परिमार्जित एवं सशक्त काव्य-रचना के दर्शन उस काल में दुर्लभ हैं। 'दौलत-विलास' की भाषा में जो सुगठितता, अलंकारिकता एवं सरसता है वह भी अद्भुत है। ऐसा नपा-तुला, सुन्दर-सुन्दर और वह भी एकदम मीठा काव्य अन्यत्र कहाँ ?

'दौलत-विलास' की भाषा : स्वरूप एवं सामर्थ्य

'दौलत-विलास' की भाषा ब्रज-मिश्रित खड़ी बोली है। उसमें संस्कृत के तत्सम शब्दों का प्रयोग बहुलता से हुआ है। यद्यपि तद्भव शब्दों का प्रयोग भी कम नहीं है, परन्तु कहीं-कहीं तत्सम शब्दों की ही प्रधानता प्रतीत होती है। कुछ स्थलों पर तो तत्सम शब्दों का प्रयोग इतना है कि वहाँ कोई एक भी अन्य शब्द नहीं दिखाई देता। उदाहरणार्थ निम्न पंक्तियाँ देखिए—

"जय श्री वीर जिनेन्द्र चन्द्र शत इन्द्र वन्द्य जगतारं ॥
सिद्धारथ-कुल-कमल अमल रवि, भव-भूधर पवि भारं।
गुन-मनि-कोष अदोष मोखपति, विपिन-कषाय-तुषारं ॥" (पद 22)

इसी प्रकार निम्नलिखित पंक्तियाँ भी देखिए, जिनमें एक-दो पदों को छोड़कर शेष सभी शब्द तत्सम शब्द हैं। तत्सम ही नहीं, समास-युक्त भी हैं, जिनका अर्थ साधारण पाठक सरलता से नहीं समझ सकता–

"जगदानन्दन जिन अभिनन्दन, पद-अरविन्द नमूँ मैं तेरे॥
अरुन वरन अघ-ताप हरन वर, वितरन-कुशल सु सरन बड़े रे।
पद्मासदन मदन-मद-भंजन, रंजन मुनिजन-मन-अलि के रे॥" (पद 7)

परन्तु इसका अर्थ यह नहीं समझना चाहिए कि 'दौलत-विलास' की भाषा सर्वत्र ऐसी ही क्लिष्ट व तत्सम शब्दावली से युक्त है, क्योंकि अधिकांश स्थलों पर तो वह अत्यन्त कोमल, मधुर एवं सरल-सुबोध ही है। उदाहरणार्थ यह पद देखिए जो पूरा का पूरा ही कोमलकान्त पदावली से युक्त एवं सरल-सुबोध है–

"छाँडि दे या बुधि भोरी, वृथा तन से रति जोरी॥
यह पर है, न रहै थिर पोषत, सकल कुमल की झोरी।
यासों ममता करि अनादि से, बँधो करम की डोरी।
सहै दुख-जलधि हिलोरी॥
ये जड़ है तू चेतन यों ही, अपनावत बरजोरी।
सम्यग्दर्शन-ज्ञान-चरन निधि, ये हैं सम्पति तोरी।
सदा विलसो शिवगोरी ॥
सुखिया भये सदीव जीव जिन, यासों ममता तोरी।
'दौल' सीख यह लीजे पीजे, ज्ञान-पियूष कटोरी।
मिटै परचाह कठोरी ॥" (पद 108)

बहरहाल, 'दौलत-विलास' की भाषा अत्यन्त प्रवाहमय है और उसमें भावों को अभिव्यक्त करने की अत्यधिक सामर्थ्य पाई जाती है।

लोकोक्ति-मुहावरे–'दौलत-विलास' की भाषा में स्थान-स्थान पर लोकोक्ति-मुहावरों का भी उचित प्रयोग हुआ है जिससे रोचकता व हृदयग्राह्यता तो उत्पन्न हुई ही है, उसके अभिव्यक्ति-सामर्थ्य में भी विशेष अभिवृद्धि हुई है। उदाहरणार्थ, कतिपय निम्नोद्धृत काव्य-पंक्तियाँ देखिए–

(क) ज्ञान विसार विषय-रस चाखत, **सुरतरु जारि कनक बोवत** हो। (पद 106)
(ख) शर्म चहै न लहै शठ ज्यों **घृत हेतु बिलोवत पानी**। (पद 95)

(ग) तुम तज तिन्हें भजे शठ जो सो, **दाख न चाखत खात निबोरी।** (पद 48)
(घ) याद किये दुख होत **हिये ज्यों, लागत कोट कटारी।** (पद 52)
(ङ) **चौपथ चलत रतन जिम लहिये,** मनुष देह पाई। (पद 55)
(च) ते नर मूढ़ अजान **सुधारस, पाय पाँव धोवें।** (पद 55)
(छ) तू दुखिया परकृत्य मान ज्यों, **नभ ताड़न श्रम ठाना** बे। (पद 96)
(ज) करत आपको अहित आप कर, **ले कृपान जल दारै।** (पद 116)
(झ) पै अपनाय लहत दुख शठ **नभ, हतन चलावत लातें।** (पद 117)
(ञ) शिवगृहद्वार सार नरभव यह, **लहि दश दुर्लभता तें।** (पद 117)
(ट) **खोवत ज्यों मणि काग उड़ावत,** रोवत रंकपना तें। (पद 117)

उपमा-विधान—भाषा में उपमा-विधान का महत्त्व असाधारण होता है। प्रायः सभी भाषा-विश्लेषकों ने उपमा की श्रेष्ठता एवं महत्त्व को एकमत से स्वीकार किया है। हम देखते हैं कि कभी-कभी जो बात चार-पाँच वाक्यों द्वारा भी नहीं कही जा सकती, वह एक उपयुक्त उपमा के प्रयोग से सहज ही प्रकट हो जाती है। यही कारण है कि अधिकाधिक उपयुक्त उपमा के अनुसन्धान में कवि को विशेष परिश्रम करना होता है। 'दौलत-विलास' की भाषा में भी उपमा-विधान का अनूठा संयोजन दृष्टिगोचर होता है। उसमें प्रयुक्त उपमाएँ भाषा की अभिव्यक्ति-सामर्थ्य में आश्चर्यजनक अभिवृद्धि कर रही हैं; क्योंकि वे अत्यन्त उपयुक्त हैं, सारगर्भित हैं, व्यापक प्रभाववाली हैं और कहीं-कहीं अत्यन्त रोचक एवं मौलिक भी हैं। उदाहरणार्थ निम्नलिखित काव्य-पंक्ति देखिए—

"कमला चपला, यौवन सुरधनु, स्वजन पथिक जन, क्यों रति जोरी ?"
(पद 62)

यहाँ यौवन को सुरधनु अर्थात् इन्द्रधनुष की और कुटुम्ब परिवार के लोगों को पथिकजन (सहयात्रियों) की उपमा दी गयी है। दोनों ही उपमाएँ अत्यन्त उचित एवं भावगर्भित हैं। जिस प्रकार इन्द्रधनुष दिखने में सुन्दर है, परन्तु क्षणभंगुर है; उसी प्रकार यह यौवन भी दिखने में सुन्दर है, परन्तु क्षणभंगुर है। इसी प्रकार कुटुम्ब-परिवार के लोगों को जो यहाँ पथिकजन की उपमा दी गयी है उससे यह भाव प्रकट होते हैं कि उनका और हमारा मिलन वस्तुतः सहयात्रियों के समान है। जिस प्रकार सहयात्री अपने अलग-अलग स्थानों से आते हैं और अपने अलग-अलग योग्य स्थानों पर ही चले जाते हैं, कोई किसी का साथी नहीं होता; उसी प्रकार कुटुम्ब-परिवार के लोग सब अपने-अपने स्थानों (गतियों/पूर्वजन्मों) से आते हैं और समय आने पर अपने-अपने योग्य स्थानों पर चले जाते हैं, कोई किसी का साथी नहीं होता।

इसी प्रकार और भी अनेक उदाहरण प्रस्तुत किये जा सकते हैं, परन्तु विस्तार-

भय के कारण सबका व्याख्यान सम्भव नहीं है। मात्र कुछेक उल्लेखनीय उपमा-विधान सुधी पाठकों के अध्ययनार्थ प्रस्तुत हैं–

(क) 'दौल' अल्पमति को कहवो **जिम, शशक गिरिन्द ढकावन है**। (पद 8)

(ख) खरे थिर **ज्यों शिखर मेरुकारी**। (पद 4)

(ग) भव्यनि के भवहारन कारन, सहज **यथा तमहरन घाम**। (पद 5)

(घ) अशुचि सरोग समल जड़ मूरति, लखत विलात **गगन-घन जैसे**। (पद 84)

(ङ) सुत-तिय बन्धु वियोग-योग यों, **ज्यों सरायजन निकसें-पैसें**।
विलखत-हरखत शठ अपने लखि, रोवत-हँसत **मत्तजन जैसे**। (पद 85)

(च) छिन-छिन कटत घटत थिति **ज्यों जल, अंजुलि का** झर जावेगा। (पद 122)

(छ) तन में छिप्यो लिप्यो न तदपि **ज्यों जल में कजदल** साना बे। (पद 96)

(ज) तू दुखिया परकृत्य मान **ज्यों, नभ ताड़न श्रम ठाना** बे। (पद 96)

(झ) सो वे बैन असार लखे हैं, **ज्यों पानी के फैन**। (पद 79)

(ञ) तुम गुन चिंतत नशत तथा भय, **ज्यों घन प्रलय समीर**। (पद 25)

(ट) शेष पचासी लाग रही है **ज्यों जेवरी जरी**। (पद 29)

(ठ) जनम-मरन-मल-रहित विमल है, **कीच बिना ज्यों पानी**। (पद 93)

(ड) मत कीज्यो जी यारी, भोग **भुजँग सम** जानके। (पद 114)

(ढ) तिसना-तृषा बढ़े इन सेये, **ज्यों पीये जल खारी**। (पद 114)

(ण) **केहरि करी अरी न देत ज्यों**, त्यों ये दे दुख भारी। (पद 114)

(त) तन धन भोग संयोग **सुपन सम**, बार न लगत विलातें। (पद 117)

अलंकार-योजना–'दौलत-विलास' की भाषा में विविध अलंकारों का भी सहज और सुन्दर प्रयोग हुआ है, जिससे मात्र चमत्कार या रोचकता ही नहीं उत्पन्न हुई है, अपितु भाषा के अभिव्यक्ति-सामर्थ्य में भी असीम अभिवृद्धि हुई है। उदाहरणार्थ कतिपय अलंकारों के प्रयोग द्रष्टव्य हैं–

(क) अनुप्रास– ''**च**न्द्रानन जिन **च**न्द्रनाथ के **च**रन **च**तुर **चि**त ध्यावतु है।
कर्मचक्र **च**कचूर **चि**दातम, **चि**न्मूरत पद पावतु है ॥'' (पद 9)

(ख) यमक–''**मार मार** तप धार जार विधि, केवल ऋद्धि लही।'' (पद 15)
यहाँ प्रथम 'मार' का अर्थ काम और द्वितीय 'मार' का अर्थ मारकर है।

(ग) श्लेष–''निरखि जिन**चन्द** री माई।'' (पद 10)
यहाँ 'चन्द' के दो अर्थ श्लिष्ट हैं–चन्द्रप्रभ और चन्द्रमा।

(घ) उपमा–''नित पीज्यो धी-धारी ! जिनवानी **सुधा सम** जानके।'' (पद 61)

(ङ) रूपक–''**सुदृग-बोध-चारित्र-पोत** लहि, भवि **भव-सिन्धु** तरा।'' (पद 2)

'दौलत-विलास' में रूपकों के प्रयोग इतने अधिक और विशिष्ट हैं कि उसके कवि को 'रूपक-सम्राट्' ही कहा जा सकता है। अनेक स्थलों पर तो कवि ने उत्कृष्ट **सांगरूपक** ही प्रस्तुत कर दिये हैं। यथा–

"निरखि सुख पायो जिनमुख-चन्द ॥
मोह-महातम नाश भयो है, उर-अम्बुज प्रफुलायो।
ताप नस्यो तब बढ़यो उदधि-आनन्द ॥
चकवी कुमति बिछुरि अति बिलखे, आतमसुधा स्रवायो।
शिथिल भये सब विधिगण-फन्द ॥
विकट भवोदधि को तट निकट्यो, अघतरु-मूल नसायो।
'दौल' लह्यो अब सुपद सुछन्द ॥" (पद 38)

(च) विरोधाभास–

1. 'समवसरण अतिशय कमलाजुत, पै निर्ग्रन्थ निदानी।
क्रोध बिना दुठ मोह विदारक, त्रिभुवनपूज्य अमानी ॥" (पद 43)

2. "राग विना सेवक जन तारक, मारक मोह न द्वेषा है।" (पद 18)

(छ) विभावना–"पट-भूषण-बिन पै सुन्दरता, सुर-नर-मुनि-मन हारी।"

(ज) व्यतिरेक–1. "जा तन जोत उदोत थकी रवि-शशि-दुति लाजन्ता।" (पद 30)

2. "प्रभु-दुति देख मन्द भयो निशिपति, आन सुपग लिपटाई।
प्रभु सुचन्द वह मन्द होत है, जिन लख सूर छिपाई ॥" (पद 10)

(ञ) उदाहरण–'दौलत-विलास' की भाषा में उदाहरण अलंकार के भी एक से बढ़कर एक सुन्दर प्रयोग हुए हैं। कहीं-कहीं तो उदाहरणों की माला ही प्रस्तुत कर दी गयी है। यथा–

"पारस जिन चरण निरखि हर्ष यों लहायो।
चितवत चन्दा चकोर ज्यों प्रमोद पायो ॥
ज्यों सुन घनघोर शोर, मोर हर्ष को न ओर।
रंक निधि समाज राज, पाय मुदित थायो ॥
ज्यों जन चिर छुधित होय, भोजन लखि सुखित होय।
भेषज गद हरण पाय, सरुज सु हरषायो ॥" (पद 17)

(झ) दृष्टान्त– "चौपथ चलत रतन जिम लहिये, मनुष देह पाई।
सुकुल जैनवृष सतसंगति यह, अति दुर्लभ भाई ॥" (पद 55)

'दौलत-विलास' के रचयिता

'दौलत-विलास' के रचयिता कविवर दौलतराम हैं।

कविवर दौलतराम का स्थान मध्यकालीन हिन्दी-जैन-कवियों में सर्वोपरि है। उनका काव्य यद्यपि परिमाण की दृष्टि से अत्यल्प है, परन्तु गुणवत्ता की दृष्टि से उसका कोई उपमेय नहीं है; भाव एवं शिल्प—दोनों ही दृष्टियों से वह सर्वथा अद्भुत है। यही कारण है कि कविवर दौलतराम को अत्यल्प काव्य-रचना करने पर भी हिन्दी जैन-कवियों में सर्वाधिक प्रसिद्धि प्राप्त है और उनके काव्य का घर-घर में आदर के साथ नित्य स्वाध्याय किया जाता है।

दौलतराम अत्यन्त प्रतिभाशाली एवं विविध विषयों के विद्वान कवि थे, किन्तु साथ ही वे वैराग्य प्रकृति के धर्मात्मा सत्पुरुष भी थे; अतः उनका जीवन क्रोध-लोभ-अहंकारादि से दूर रहकर सदैव जिन-भक्ति, शास्त्र-स्वाध्याय, अध्यात्म-चिन्तन, वैराग्य-भावना, संयमानुराग आदि श्रेष्ठ गुणों से सुरभित रहता था। कवि वीरेन्द्र के निम्नलिखित पद में उनके व्यक्तित्व का यथार्थ ही चित्रण हुआ है—

''धनि धनि 'दौल' सुकवि धी-धारी।
भविजन-हृदय-कमल विकसावन, काव्य-ज्योति विस्तारी ॥
सत्‌श्रद्धानी, सम्यकदर्शी, चारित-ज्योति प्रसारी।
गृहवासी पर रहे उदासी, तुम समरस संसारी ॥
जिनवर गुणरति, विषय विरति अति, दुठ दुरमति गति टारी।
अचित द्रव्य में लुप्त सुप्त चित अक्षय राशि निहारी ॥
अर्न्तद्रष्टा भव्य कल्पना-नभ के सुहृद विहारी।
शुभ स्रष्टा विराग मरुथल में सुरुचि-सरित मनहारी ॥
भाव-भाव क्या शब्द-शब्द पर भविजन मन बलिहारी।
हैं 'वीरेन्द्र' सूर्य शशि जब तक, तब तक कीर्ति तुम्हारी।''[1]

दौलतराम को जिन-अध्यात्म की गहरी रुचि थी। वे सदैव आध्यात्मिक चिन्तन-मनन में मग्न रहा करते थे। परन्तु उनका यह अध्यात्म-चिन्तन शुष्क या नीरस नहीं था, अपितु वैराग्यरस से भरपूर था। उनके हृदय में सदैव संसार-शरीर-भोगों से विरक्त होकर तप-संयम के उत्कृष्ट मार्ग पर चलने की उत्कट भावना हिलोरें लेती रहती थीं। वे अपने अन्तर में गुनगुनाया करते थे—

''मेरे कब है वा दिन की सुघरी ॥
तन बिन वसन अशन बिन वन में, निवसों नासादृष्टि धरी ॥

1. दौलत-विलास, पृष्ठ 112; प्रकाशक—अखिल विश्व जैन मिशन, अलीगंज, एटा, उत्तर प्रदेश; संस्करण—1955 ई.।

पुण्य-पाप परसों कब विरचों, परचों निजनिधि चिर विसरी ॥
तजि उपाधि सजि सहज समाधी, सहों घाम हिम मेघझरी ॥
कब थिर जोग धरों ऐसो मोहि, उपल जानि मृग खाज हरी ॥
ध्यान-कमान तान अनुभव-शर, छेदों किह दिन मोह-अरी ॥
कब तृण-कञ्चन एक गिनों मैं, मणिजड़ितालय शैल-दरी ॥
'दौलत' सतगुरु चरन सेव जो, पुरवे आशा यही हमरी ॥''

(पद 71)

इस प्रकार स्पष्ट है कि कविवर दौलतराम के जीवन में ज्ञान और वैराग्य का अद्भुत समन्वय था। वे शुष्क ज्ञानी भी नहीं थे तो अन्धे वैरागी भी नहीं। उनके ज्ञान में वैराग्य की गति थी और वैराग्य में ज्ञान की चक्षु।

कविवर दौलतराम का जीवन-परिचय

'दौलत-विलास' के रचयिता कविवर दौलतराम का जीवन-परिचय जानने से पूर्व 'दौलतराम' नाम के अन्य साहित्यकारों का परिचय प्राप्त करना आवश्यक है; क्योंकि हिन्दी-साहित्य के इतिहास में 'दौलतराम' नाम के अनेक विद्वान् प्रसिद्ध हो चुके हैं और संयोग से उन सबके समय में भी बहुत अधिक अन्तर नहीं है, अतः उनमें परस्पर भ्रम की अत्यधिक सम्भावना है। अनेक शोधार्थियों एवं साहित्येतिहासकारों को ऐसा भ्रम हुआ भी है, तभी तो उन्होंने किसी एक दौलतराम की रचना को किसी अन्य दौलतराम की बता दिया है।[1] अतः यहाँ सर्वप्रथम 'दौलतराम' नाम के अन्य साहित्यकारों का संक्षिप्त परिचय प्रस्तुत है।

1. दौलतराम कासलीवाल[2]—ये दौलतराम नाम के अन्य विद्वानों में सर्वाधिक प्रसिद्ध हैं। इनको अन्य दौलतरामों से पृथक् दिखाने के लिए इनका गोत्र कासलीवाल भी इनके नाम के साथ जोड़ा जाता है। ये राजस्थान के बसवा नामक ग्राम के निवासी थे और जयपुर राज्य में वकील के पद पर कार्य करते थे। आपका समय वि. सं. 1749 से 1829 तक है। अपने 80 वर्ष के जीवन में आपने जिस साहित्य का निर्माण किया है, वह गुणवत्ता एवं परिमाण दोनों ही दृष्टियों से हिन्दी जैन-साहित्य की अनमोल धरोहर है। अद्यावधि आपकी 20 कृतियाँ उपलब्ध हो चुकी हैं, जिनमें 10 गद्यात्मक

---

1. (क) देखिए—अनेकान्त (मासिक) जून, 1972, पृष्ठ 131 पर डॉ. गजानन मिश्र का लेख।
(ख) देखिए—अखिल विश्व जैन मिशन, अलीगंज, एटा से प्रकाशित 'दौलत-विलास' जिसमें 'चौबीस दंडक' नामक कृति को जो वस्तुतः पं. दौलतराम कासलीवाल की है, इन्हीं दौलतराम की मानकर संगृहीत कर लिया गया है।
2. विस्तृत परिचय के लिए देखें मेरा शोध-प्रबन्ध 'महाकवि पं. दौलतराम कासलीवाल और उनका साहित्य'।

हैं और 10 पद्यात्मक। पद्यात्मक कृतियाँ सभी मौलिक हैं, पर गद्यात्मक कृतियाँ वचनिका एवं टीकारूप हैं। पद्यात्मक कृतियों में अध्यात्म-बारहखड़ी, क्रियाकोश, विवेक-विलास, चतुर-चितारणी, जीवनन्धरस्वामिचरित आदि प्रमुख हैं और गद्यात्मक कृतियों में पद्मपुराण, आदिपुराण व हरिवंशपुराण की वचनिकाएँ एवं समयसार-कलश, तत्त्वार्थसूत्र, कार्तिकेयानुप्रेक्षा व पुरुषार्थसिद्ध्युपाय की टीकाएँ प्रमुख हैं।

2. **दौलतराम**[1]—इनका दूसरा नाम दिलाराम भी है। ये राजस्थान के खेड़ा रायसिंह या बूँदी नामक नगर के रहनेवाले थे और वहाँ बूँदी-नरेश राव रतनसिंह हाडा (वि. सं. 1662 से 1745 तक) के प्रिय कवि थे। इनका जन्म खण्डेलवाल वंश के पाटनी गोत्र में हुआ था और इनके पिता का नाम चतुर्भुज था। इनकी तीन कृतियाँ उपलब्ध होती हैं--दिलाराम-विलास, व्रतविधान-रासो और आत्मद्वादशी।

3. **दौलतराम आँसेरी**—आपका जीवनवृत्त अद्यावधि अज्ञात है, पर आपकी अभी तक दो रचनाएँ प्राप्त हो चुकी हैं—श्रेणिक-चरित एवं ऋषिमण्डल पूजा। इनमें से 'श्रेणिक-चरित' की रचना वि. सं. 1834 में हुई है।

4. **दौलतराम वर्णी**—इनका भी जीवनवृत्त अज्ञात है, पर अभी तक इनकी तीन रचनाएँ प्राप्त हो चुकी हैं—चम्पापुर-पूजा, पावापुर-पूजा एवं नयनागिरि-पूजा। ये तीनों ही रचनाएँ तीर्थक्षेत्रों की पूजा से सम्बन्धित हैं, अतः पूजा या भक्तिकाव्य की कोटि में आती हैं। इनका रचना-काल वि. सं. 1894 है।

5. **दौलतराम ओसवाल**—इनका भी जीवनवृत्त अज्ञात है, पर 'वीर-वाणी' पत्रिका के 18 जनवरी 1960 के अंक में श्री अगरचन्द नाहटा ने इनको 'मुलतानी ओसवाल दौलतराम' लिखा है। इनकी अभी एक ही रचना प्राप्त होती है--मल्लिनाथ-चरित्र-वचनिका, जो वि. सं. 1818 में लिखी गयी थी। इसकी एक हस्तलिखित प्रति वर्तमान में श्री दि. जैन मन्दिर, सेठ का कूचा, दिल्ली के ग्रन्थ-भण्डार में उपलब्ध है।

6. **दौलतराम उजियारे**—ये रीतिकाव्य के निर्माता कवि हैं और सम्भवतया जैन नहीं हैं। इन्होंने वि. सं. 1837 में 'रसचन्द्रिका' एवं 'जुगलप्रकाश' नामक ग्रन्थों की रचना की है।

7. **दौलतराम**—ये मारवाड़-नरेश महाराजा मानसिंह के आश्रित थे, अतः इनका समय वि. सं. 1863 के आस-पास माना जाता है। इनकी अभी तक दो रचनाएँ उपलब्ध हुई हैं—1. 'जालन्धर नाथ जी रो गुण' जिसे उन्होंने वि. सं. 1867 में पूर्ण किया था और 2. 'परिचय-प्रकाश'।

8. **दौलतराम**—ये भी जैनेतर साहित्यकार हैं जो असनी (फतेहर) के निवासी थे। इनके पिता का नाम शिवनाथ था। इन्होंने वि. सं. 1897 के आस-पास 'अलंकार-संग्रह' एवं 'कविप्रिया' की टीका लिखी थी।

---

1. कविवर पं. दौलतराम—कृतित्व एवं व्यक्तित्व (डॉ. कस्तूरचन्द कासलीवाल), पृष्ठ XIV.

9. दौलतराम—ये मैनपुरी (उ. प्र.) के रहनेवाले थे और जाति से कायस्थ थे। इनकी एक ही कृति उपलब्ध होती है—'ज्यौनार'।

ध्यातव्य है कि प्रस्तुत 'दौलत-विलास' के रचयिता कविवर दौलतराम उक्त सभी दौलतरामों से भिन्न हैं। उनका जीवन-परिचय इस प्रकार है :

कविवर दौलतराम को डॉ. नेमिचन्द्र शास्त्री ज्योतिषाचार्य ने 'दौलतराम द्वितीय' कहा है, पर यह हमें—दौलतराम नाम के अन्य विद्वानों का जो संक्षिप्त परिचय ऊपर प्रस्तुत किया है उसके आलोक में—बहुत उचित नहीं प्रतीत होता, अतः हम समझते हैं कि इन्हें अन्य दौलतरामों से पृथक् दिखाने के लिए या तो 'दौलतराम पल्लीवाल' कहना चाहिए, क्योंकि ये पल्लीवाल जाति के नर-रत्न थे अथवा फिर 'अध्यात्मप्रेमी कविवर पं. दौलतराम' कहना चाहिए, क्योंकि इनका सारा ही काव्य अध्यात्मरस से ओत-प्रोत है। इनकी कोई भी रचना उठाइए, उसमें सर्वत्र तिल में तेल की भाँति अध्यात्म ही अध्यात्म भरा हुआ है। इनके 'छहढाला' नामक ग्रन्थ की तुलना तो आचार्य कुन्दकुन्द के महान् आध्यात्मिक ग्रन्थ 'समयसार' से करते हुए विद्वान् उसे 'छोटा समयसार' ही कह देते हैं। तथा समाज में भी इनकी ख्याति ऐसी ही है। इनके पाठक इन्हें 'अध्यात्मप्रेमी कविवर पं. दौलतराम' ही कहकर पुकारते हैं।

अध्यात्मप्रेमी कविवर पण्डित दौलतराम के जीवनवृत्त से सम्बन्धित पूर्ण जानकारी उपलब्ध नहीं होती; पर जो कुछ उपलब्ध होती है, वह इस प्रकार है—

कविवर दौलतराम का जन्म आज से लगभग दो सौ वर्ष पूर्व वि. सं. 1855-56 में, अलीगढ़ एवं हाथरस के समीप सासनी नामक ग्राम में हुआ था। उनके पिता का नाम टोडरमल था और वे पल्लीवाल जाति के उत्तम पुरुष थे। उनका गोत्र गंगोरीवाल या गंगटीवाल था। लोग उन्हें 'फतेहपुरी' या 'फतेहपुरिया' के नाम से भी पुकारते थे। वे (कविवर दौलतराम के पिता) अपने छोटे भाई चुन्नीलाल के साथ हाथरस में कपड़े का व्यापार करते थे।

कविवर दौलतराम की शिक्षा कहाँ एवं कैसे हुई, उनके गुरु का क्या नाम था अथवा क्या उन्होंने स्वाध्याय से ही शिक्षार्जन किया था—यह सब कुछ ज्ञात नहीं है; पर इतना निश्चित रूप से प्रतीत होता है कि वे संस्कृत-प्राकृत भाषाओं के भी अच्छे ज्ञाता थे, तभी तो प्रतिदिन पचासों श्लोक व गाथाएँ कण्ठस्थ कर लेते थे।

दौलतराम का विवाह अलीगढ़-निवासी सेठ चिन्तामणि की पुत्री से हुआ था। उनके दो पुत्र भी थे। एक का जन्म वि. सं. 1882 में हुआ था और दूसरे का वि. सं. 1886 में। बड़े पुत्र का नाम टीकाराम था और वे लश्कर में रहते थे, पर छोटे पुत्र का क्या नाम था और वे कहाँ रहते थे—इसका कुछ पता नहीं है, क्योंकि उनका असमय में ही निधन हो गया था।

कविवर दौलतराम हाथरस में अपने पिता और चाचा के साथ कपड़े के व्यापार

में सहयोग करते थे, परन्तु स्वाध्यायप्रेमी होने के कारण यदा-कदा समय निकालकर शास्त्रों के अध्ययन-मनन में लीन हो जाया करते थे। एक बार की बात है कि वे हाथरस के जिनमन्दिर में गोम्मटसार का स्वाध्याय कर रहे थे। उसी समय मथुरा के प्रसिद्ध सेठ मणिराम जी जिनदर्शन हेतु वहाँ पधारे। वे उनके स्वाध्याय से अत्यधिक प्रभावित हुए और उनसे हाथरस छोड़कर मथुरा चलने का हार्दिक आग्रह करने लगे। दौलतराम उनके साथ मथुरा चले गये और कुछ समय वहाँ बड़े आनन्द से रहे भी; परन्तु सम्भवतया सेठजी के वैभव की चकाचौंध में उनका मन नहीं लगा, अतः वे वहाँ से वापस अपने घर आ गये।

घर आने के बाद उन्होंने पुनः आजीविका के सम्बन्ध में सोचा और अलीगढ़ जाकर छींट छापने का कार्य करने लगे। प्रतीत होता है कि वे आजीविका की ओर से निश्चिन्त नहीं थे और उनकी आर्थिक स्थिति भी ठीक नहीं थी, अतएव उन्हें अपने जीवन में बार-बार इधर से उधर होना पड़ रहा था; किन्तु साथ में ऐसा भी प्रतीत होता है कि उनकी अध्यात्मरुचि अत्यन्त प्रबल थी, अतः वे उससे विशेष आकुलित भी नहीं होते थे। कहा जाता है कि जिस समय वे छींट छापने का कार्य करते थे उस समय अपने समीप एक चौकी पर कोई प्राकृत या संस्कृत भाषा का शास्त्र विराजमान कर लेते थे और छींट छापते हुए उसकी गाथाएँ या श्लोक भी याद करते जाते थे। उनकी स्मरण-शक्ति एवं रुचि इतनी प्रबल थी कि वे एक दिन में साठ-सत्तर गाथाएँ या श्लोक कण्ठस्थ कर लेते थे।

कविवर दौलतराम के जीवन का यह प्रसंग आत्महित के अभिलाषियों द्वारा बारम्बार गहरायी से विचार करने-योग्य है, क्योंकि इससे व्यर्थ के आर्तध्यान आदि विकारों से बचकर अधिक से अधिक समय तत्त्वाभ्यास करने की मंगल प्रेरणा प्राप्त होती है।

अलीगढ़ के बाद कविवर दौलतराम दिल्ली आकर रहने लगे। दिल्ली में उन्हें विशिष्ट स्वाध्यायी एवं अध्यात्मरुचिसम्पन्न साधर्मियों का ऐसा सुन्दर समागम मिला कि वे सभी चिन्ताएँ भूल गये और फिर वहाँ से अन्यत्र कहीं नहीं गये, जीवन के अन्तिम समय तक वहीं रहे। एक बार वि. सं. 1901 में माघ कृष्णा चतुर्दशी को दिल्ली के अनेक साधर्मी बन्धुओं के साथ आपने तीर्थराज सम्मेदशिखर की यात्रा भी की थी, जैसा कि उनके एक पद की निम्नलिखित पंक्तियों से ज्ञात होता है—

"आज गिरिराज निहारा, धन भाग हमारा।

x x x

इक नभ नव इक वर्ष माघ बदि, चौदस वासर सारा।
माथ नाय जुत साथ 'दौल' ने जय-जय शब्द उचारा ॥" (पद 78)

कविवर दौलतराम का निधन लगभग 68 वर्ष की उम्र में, दिल्ली में, मार्गशीर्ष

कृष्णा अमावस्या, वि. सं. 1923 को, मध्याह्न में, बड़े ही शान्तभावों से—समाधिपूर्वक हुआ। कहते हैं कि उन्हें अपनी मृत्यु का छह दिन पूर्व ही आभास हो गया था और उन्होंने सबसे क्षमायाचना करके समाधिभाव धारण कर लिया था। यथा—

"आज से छठे दिन मध्याह्न के पश्चात् मैं इस शरीर से निकलकर अन्य शरीर धारण करूँगा, अतः आप सबसे क्षमायाचना कर समाधिमरण ग्रहण करता हूँ।"

(तीर्थंकर महावीर और उनकी आचार्य परम्परा, पृष्ठ 4/289)

कविवर दौलतराम की रचनाएँ

कविवर दौलतराम की दो रचनाएँ उपलब्ध हैं— 1. छहढाला और 2. दौलत-विलास। 'दौलत-विलास' का उल्लेख अनेक विद्वानों ने 'पद-संग्रह' के नाम से भी किया है। इस 'पद-संग्रह' या 'दौलत-विलास' का परिचय हम ऊपर विस्तार से लिख ही चुके हैं, अतः यहाँ 'छहढाला' का संक्षिप्त परिचय लिखते हैं।

'छहढाला' कवि की सर्वजन-सुपरिचित रचना है। इसमें 6 ढाल (अधिकार) हैं। सर्वप्रथम 'वीतराग-विज्ञान' को 'तीन भुवन में सार' एवं 'शिवस्वरूप शिवकार' बताते हुए 'त्रियोग' से नमस्कार किया गया है। तत्पश्चात् पहली ढाल में चतुर्गतिमय संसार के दुःखों का वर्णन है। दूसरी ढाल में मिथ्यादर्शन-ज्ञान-चारित्र का वर्णन है। तीसरी ढाल में मोक्षमार्ग एवं सम्यग्दर्शन का विशेष कथन है। चौथी ढाल में सम्यग्ज्ञान एवं एकदेश चारित्र का वर्णन है। पाँचवीं ढाल में वैराग्यजननी बारह भावनाओं का चिन्तन है और छठी ढाल में सकल चारित्र अथवा मुनिदशा का वर्णन करते हुए मोक्षदशा का वर्णन किया है तथा अन्त में रागरूपी आग को त्याग करने की सीख देते हुए ग्रन्थ-समापन की सूचना है। पूरी कृति में सोरठा, चौपाई, पद्धरि, नरेन्द्र, दोहा, रोला, चाल व हरिगीतिका के कुल 96 छन्द हैं; जो भाव के साथ-साथ कलात्मक दृष्टि से भी अतीव उत्कृष्ट हैं। यही कारण है कि सामान्य धर्मानुरागी जनता तो इसकी दीवानी है ही, बड़े-बड़े साहित्यिक समालोचकों ने भी इसकी मुक्तकण्ठ से प्रशंसा की है।

—वीरसागर जैन

दौलत-विलास

मंगलाचरण--देवस्तुति

(दोहा)

सकल-ज्ञेय-ज्ञायक तदपि, निजानन्द रस लीन।
सो जिनेन्द्र जयवन्त नित, अरि-रज-रहस-विहीन ॥1॥

(छन्द पद्धरि)

जय वीतराग-विज्ञान पूर। जय मोह-तिमिर को हरन सूर ॥
जय ज्ञान अनन्तानन्त धार। दृग-सुख-वीरज-मण्डित अपार ॥2॥
जय परम शान्ति[1] मुद्रा समेत। भविजन को निज अनुभूति हेत ॥
भवि-भागन वश[2] जोगे वशाय। तुम धुनि है सुनि विभ्रम नशाय ॥3॥
तुम गुण चिन्तत निज-पर-विवेक। प्रगटै, विघटैं आपद अनेक ॥
तुम जग-भूषण दूषण-वियुक्त। सब महिमा-युक्त विकल्प-मुक्त ॥4॥
अविरुद्ध शुद्ध चेतन स्वरूप। परमात्म परम पावन अनूप ॥
शुभ-अशुभ विभाव अभाव कीन। स्वाभाविक परिणतिमय अछीन ॥5॥
अष्टादश दोष विमुक्त धीर। स्वचतुष्टयमय राजत गम्भीर ॥
मुनि-गणधरादि सेवत महन्त। नव केवललब्धि रमा धरन्त ॥6॥
तुम शासन सेय अमेय जीव। शिव गये जाँहि जैहैं सदीव ॥
भवसागर में दुख क्षार[3] वारि। तारन को और न आप टारि ॥7॥
यह लखि निज दुख-गद हरण काज। तुम ही निमित्त-कारण इलाज ॥
जाने तातैं मैं शरण आय। उचरों निज दुख जो चिर लहाय ॥8॥
मैं भ्रम्यो अपनपो[4] विसरि आप। अपनाये विधिफल पुण्य-पाप ॥
निज को पर को करता पिछान। पर में अनिष्टता-इष्ट ठान ॥9॥
आकुलित भयो अज्ञान धारि। ज्यों मृग मृगतृष्णा जान वारि ॥
तन-परिणति में आपो चितारि। कबहूँ न अनुभव्यो स्वपद सार ॥10॥

पाठान्तर—1. शान्त। 2. वच। 3. खार। 4. अपन को।

तुमको बिन जाने जो कलेश। पाये सो तुम जानत जिनेश॥
पशु नारक नर सुरगति मँझार। भव धर-धर मर्‌यो अनन्त बार ॥11॥
अब काललब्धि बल तैं दयाल। तुम दर्शन पाय भयो खुशाल॥
मन शान्त भयो मिटि सकल द्वन्द। चाख्यो स्वातम-रस दुख-निकन्द ॥12॥
तातैं अब ऐसी करहु नाथ। बिछुरे न कभी तुम चरण-साथ॥
तुम गुणगण को नहिं छेव देव। जग-तारन को तुम विरद एव ॥13॥
आतम के अहित विषय-कषाय। इनमें मेरी परिणति न जाय॥
मैं रहों[1] आप में आप लीन। सो करो होहुँ ज्यों निजाधीन ॥14॥
मेरे न चाह कछु और ईश। रत्नत्रय निधि दीजे मुनीश॥
मुझ कारज के कारण सु आप। शिव करहु हरहु मम मोह-ताप ॥15॥
शशि शान्तिकरन तप[2] हरन हेत। स्वयमेव तथा तुम कुशल देत॥
पीवत पियूष ज्यों रोग जाय। त्यों तुम अनुभवतैं भव नशाय ॥16॥
त्रिभुवन तिहुँ काल मँझार कोय। नहिं तुम बिन मुझ[3] सुखदाय होय॥
मो उर यह निश्चय भयो आज। दुख-जलधि उतारन तुम जहाज ॥17॥

(दोहा)

तुम गुणगणमणि गणपती, गणत न पावहिं पार।
'दौल' स्वल्पमति किम कहै, नमहुँ त्रियोग सम्हार ॥18॥

अर्थ–हे जिनेन्द्रदेव ! आप जगत के समस्त पदार्थों को जानते हुए भी आत्मा के आनन्द में लीन हैं और अरि, रज एवं रहस्य से अत्यन्त रहित हैं,[5] अतः आपकी सदा जय हो ॥1॥

हे जिनेन्द्र ! आप वीतराग-विज्ञान से परिपूर्ण हैं, मोहरूपी अन्धकार को नष्ट करनेवाले हैं और अनन्तज्ञान, अनन्तदर्शन, अनन्तसुख एवं अनन्तवीर्य से सुशोभित हैं। आपकी सदा जय हो ॥2॥

पाठान्तर– 1. रहूँ 2. तम 3. निज।

5. 'अरि-रज-रहस्य' के सम्बन्ध में धवला (पुस्तक 1, खण्ड 1, भाग 1, सूत्र 1) में आचार्य वीरसेन स्वामी लिखते हैं कि समस्त दुःखों की प्राप्ति का निमित्त कारण होने से मोह को 'अरि' कहते हैं, ज्ञान-दर्शन के प्रतिबन्धक ज्ञानावरण-दर्शनावरण को धूलि के समान होने से 'रज' कहते हैं और अन्तराय कर्म को 'रहस्य' कहते हैं। यथा–"अशेषदुःखप्राप्तिनिमित्तत्वादरिर्मोहः।...ज्ञानदृगावरणानि रजांसीव...रजांसि।...रहस्यमन्तरायः।"

हे देव ! आप परमशान्त मुद्रा के धारक हैं जो भव्य जीवों को आत्मानुभूति का कारण है। आपकी जय हो। हे प्रभो ! भव्य जीवों के भाग्य से और आपके योग सहित होने के कारण आपकी दिव्यध्वनि खिरती है, जिसे सुनने से भव्य जीवों का सारा भ्रम दूर हो जाता है ॥3॥

हे प्रभो ! आपके गुणों का चिन्तन करने से स्व-पर-भेदविज्ञान प्रकट होता है और अनेक आपत्तियाँ नष्ट हो जाती हैं। आप जगत के आभूषण हैं, सभी दोषों से रहित हैं, सभी अतिशयों से युक्त हैं और सभी विकल्पों से मुक्त हैं ॥4॥

हे जिनेन्द्रदेव ! आप अविरुद्ध हैं, शुद्ध हैं, चैतन्यस्वरूपी हैं, परमात्मा हैं, परमपवित्र हैं और अनुपम हैं। आपने समस्त शुभाशुभ विभावों का अभाव कर दिया है और आप ऐसी स्वाभाविक परिणति से तन्मय हो गये हैं जो कभी क्षीण नहीं होती ॥5॥

हे जिनेन्द्र ! आप अठारह दोषों[1] से पूर्णतया रहित हैं, धीर-गम्भीर हैं और सदा स्वचतुष्टय में ही शोभायमान रहते हैं। मुनि गणधरादि बड़े-बड़े पुरुष भी आपकी सेवा करते हैं। आप नौ केवललब्धियों[2] को भी धारण करते हैं ॥6॥

हे देव ! आपके शासन को सेवन करके अनन्त जीव मुक्त हो चुके हैं, वर्तमान में हो रहे हैं और भविष्य में भी हमेशा होते रहेंगे। हे प्रभो ! इस संसाररूपी सागर में दुःखरूपी अपार खारा पानी भरा हुआ है, जिससे पार उतारने के लिए आपके अतिरिक्त अन्य कोई समर्थ नहीं है ॥7॥

हे जिनेन्द्रदेव ! मेरे दुःखरूपी रोग को दूर करने के लिए निमित्तापेक्षया एकमात्र आप ही उपाय हैं–ऐसा जानकर मैं आपकी शरण में आया हूँ और मैंने अनादिकाल से जो दुःख प्राप्त किया है उसे आपसे कह रहा हूँ ॥8॥

हे प्रभो ! मैं अनादिकाल से आज तक इस संसार में स्वयं अपने आपको भूलकर बहुत भटका हूँ। जो कर्म के फल हैं–ऐसे पुण्य-पाप को मैंने अपना माना है, स्वयं को पर का एवं पर को स्वयं का कर्ता मान रखा है और परपदार्थों में इष्ट-अनिष्ट बुद्धि धारण की है ॥9॥

हे देव ! जिस प्रकार मृग मृगतृष्णा[3] को पानी जानकर बहुत आकुलित होता

---

1. अठारह दोष ये हैं– क्षुधा, तृषा, चिन्ता, जरा, जन्म, मृत्यु, राग, द्वेष, रोग, मोह, भय, मद, विस्मय अरति, खेद, निद्रा, शोक और स्वेद।
2. नौ केवललब्धियाँ ये हैं– दान, लाभ, भोग, परिभोग, वीर्य, सम्यक्त्व, दर्शन, ज्ञान और चारित्र।
3. जल की लहरों की वह मिथ्या प्रतीति जो कभी-कभी ऊसर या रेतीले मैदानों में कड़ी धूप पड़ने पर होती है।

है, उसी प्रकार मैं भी अपने अज्ञान को धरण करके बहुत दुःखी हुआ हूँ। हे प्रभो ! मैंने शरीर की परिणति को अपना समझा और कभी अपने श्रेष्ठ आत्मपद का अनुभव नहीं किया ॥10॥

हे जिनेन्द्रदेव ! मैंने आपको जाने बिना जो अनन्त दुःख उठाये हैं, उनको आप भली प्रकार जानते हैं। हे प्रभो ! तिर्यंच गति, नरक गति, मनुष्य गति और देव गति में जन्म धारण कर-करके मैंने अनन्त बार मरण किया है ॥11॥

किन्तु हे दयालु जिनेन्द्रदेव ! अब काललब्धि के बल से मुझे आपके दर्शन पाकर बड़ी प्रसन्नता हुई है, मेरे सारे द्वन्द्व समाप्त हो गये हैं, मेरा मन बिलकुल शान्त हो गया है और मैंने दुःख को नष्ट कर देनेवाले आत्मसुख का स्वाद ले लिया है ॥12॥

अतः हे स्वामी ! अब ऐसा कीजिए, जिससे आपके चरणों का साथ मुझसे कभी न छूटे। हे देव ! आपके गुणसमूह का कोई अन्त नहीं है। आपका यश भी ऐसा ही है कि आप जगत को तारनेवाले हैं ॥13॥

हे जिनेन्द्रदेव ! ये विषय और कषाय आत्मा का अहित करनेवाले हैं, अतः मैं चाहता हूँ कि इनमें मेरी परिणति न जावे और मैं स्वयं अपने में ही लीन रहूँ। हे प्रभो ! ऐसा कीजिए, जिससे मैं स्वाधीन हो जाऊँ ॥14॥

हे स्वामी ! मुझे अन्य कोई अभिलाषा नहीं है, अपितु एक यही है कि आप मुझे रत्नत्रयरूपी वैभव प्रदान कीजिए। हे मुनीश ! आप ही मेरे कार्य के उत्तम कारण हैं। आप मुझे संसार से मुक्त कीजिए और मेरे मोहरूपी ताप को नष्ट कीजिए ॥15॥

हे जिनेन्द्रदेव ! जिस प्रकार चन्द्रमा स्वभाव से ही शान्ति करनेवाला और ताप मिटानेवाला है, उसी प्रकार आप भी स्वयमेव आनन्द को प्रदान करनेवाले हैं। हे प्रभो ! जिस प्रकार अमृत पीने से स्वतः ही रोग मिट जाता है, उसी प्रकार आपका अनुभव करने से स्वतः ही संसार का अभाव हो जाता है ॥16॥

हे देव ! आपके अतिरिक्त तीन लोक, तीन काल में कोई भी मुझे सुख देनेवाला नहीं है। आज मेरे हृदय में यह दृढ़ निश्चय हो गया है कि मुझे दुःखसागर से पार उतारने के लिए आप ही जहाज हैं ॥17॥

कविवर दौलतराम कहते हैं कि हे जिनेन्द्रदेव ! आपके अनन्त गुणों की मणियों को गिनने में तो गणधर भी पार नहीं पा सकते हैं, फिर मैं अत्यन्त अल्पबुद्धि कैसे कुछ कह सकता हूँ ? अतः मैं अपने मन-वचन-काय को सँभालकर आपको प्रणाम करता हूँ ॥18॥

(1)

देखो जी आदीश्वर स्वामी, कैसा ध्यान लगाया है।
कर ऊपरि कर सुभग विराजे, आसन थिर ठहराया है॥
जगत-विभूति भूति-सम तजकर, निजानन्द पद ध्याया[1] है।
सुरभित श्वासा, आशा-वासा, नासादृष्टि सुहाया है॥
कंचन वरन चले मन रंच न, सुरगिरि ज्यों थिर थाया है।
जास पास अहि-मोर मृगी-हरि, जाति-विरोध नसाया है॥
शुध उपयोग हुताशन में जिन, वसुविधि समिध जलाया है।
श्यामलि अलिकावलि शिर सोहै, मानो धुआँ उड़ाया है॥
जीवन-मरण अलाभ-लाभ जिन, तृण-मणि को सम भाया है।
सुर नर नाग नमहिं पद जाके, 'दौल' तास जस गाया है॥

अर्थ–हे भाई, देखो ! भगवान आदिनाथ स्वामी ने कैसा अद्भुत ध्यान लगा रखा है ! एक हाथ के ऊपर दूसरा हाथ सुन्दरतापूर्वक विराजमान है और आसन स्थिरतापूर्वक जमा हुआ है।

श्री आदिनाथ स्वामी जगत की विभूति को राख के समान त्यागकर निजानन्द स्वरूप का ध्यान कर रहे हैं। उनकी श्वास सुगन्धित है। उन्होंने दिशारूपी वस्त्र धारण कर रखे हैं अर्थात् वे नग्न दिगम्बर मुद्रा में हैं और नासादृष्टिपूर्वक विराजमान हैं।

उनके शरीर का वर्ण कंचन-जैसा है। उनका मन ध्यान से रंचमात्र भी चलायमान नहीं है, सुमेरु पर्वत की तरह अचल है। उनके पास सर्प-मोर, हिरण-शेर आदि जन्मजात विरोधी जीवों की भी शत्रुता समाप्त हो गयी है।

श्री आदिनाथ स्वामी ने शुद्धोपयोगरूपी अग्नि में अष्टकर्मरूपी ईंधन को जला दिया है, तथा उनके सिर पर काली लटें इस प्रकार सुशोभित हो रही हैं, मानो उसी का धुआँ उड़ रहा हो।

कविवर दौलतराम कहते हैं कि जो जीवन और मरण, हानि और लाभ तथा तृण और मणि आदि सबको समान दृष्टि से देखते हैं; तथा देव, मनुष्य, नागेन्द्र भी जिनके चरणों में नमस्कार करते हैं, मैं भी उन श्री आदिनाथ स्वामी का यशोगान करता हूँ।

पाठान्तर–1. पाया।

(2)

भज ऋषिपति ऋषभेश जाहि नित, नमत अमर असुरा।
मनमथ-मथ दरसावन शिव-पथ, वृष-रथ-चक्र-धुरा॥
जा प्रभु गर्भ छ-मास पूर्व सुर, करी सुवर्ण धरा।
जन्मत सुरगिरि धर सुरगण युत, हरि पय-न्हवन करा॥
नटत नृत्यकी[1] विलय देख प्रभु, लहि विराग सु थिरा।
तबहि देवऋषि आय नाय शिर, जिन पद पुष्प धरा॥
केवल समय जास वच-रवि ने, जगभ्रम-तिमिर हरा।
सुदृग-बोध-चारित्र-पोत लहि, भवि भव-सिन्धु तरा॥
योग संहार निवार शेष विधि, निवसे वसुम धरा।
'दौलत' जे याको जस गावें, ते ह्वैं अज अमरा॥

अर्थ—हे भाई ! ऋषियों के स्वामी उन ऋषभ जिनेन्द्र का भजन करो जिनको सुर और असुर भी सदा नमस्कार करते हैं। वे काम-विकार को नष्ट करनेवाले हैं, मोक्षमार्ग को दिखानेवाले हैं और धर्मरूपी रथ के चक्र की धुरी हैं।

श्री ऋषभदेव के गर्भ में आने से छह माह पूर्व ही देवों ने इस पृथ्वी को स्वर्णमय बना दिया था और उनके जन्म लेने पर इन्द्र ने अपने देवों को साथ लेकर सुमेरु पर्वत पर क्षीरसागर के जल से उनका अभिषेक किया था।

श्री ऋषभदेव ने नृत्य करती हुई नीलांजना नामक नर्तकी को विलय होते देखकर वैराग्य प्राप्त कर लिया था और फिर उसी समय लौकान्तिक देवों ने भी आकर एवं उनके चरणों में मस्तक झुकाकर उनको पुष्पांजलि अर्पित की थी।

उसके बाद केवलज्ञान उत्पन्न होने पर ऋषभदेव के वचनरूपी सूर्य ने संसार के भ्रमरूपी अन्धकार को दूर कर दिया था, जिससे भव्यजीवों ने सम्यग्दर्शन-ज्ञान-चारित्र की नौका प्राप्त करके संसार-सागर को पार कर लिया।

अन्त में श्री ऋषभ जिनेन्द्र ने योग-निरोध करके शेष कर्मों का भी नाश कर दिया और वे अष्टम भूमि सिद्धशिला पर जाकर विराजमान हो गये।

कविवर दौलतराम कहते हैं कि जो जीव श्री ऋषभ जिनेन्द्र का यशःकीर्तन करते हैं, वे अजर-अमर पद की प्राप्ति कर लेते हैं।

पाठान्तर—1. नर्तकी।

(3)

जय श्री ऋषभ जिनेन्दा, नाश करो मेरे दुखदन्दा ॥
मातु मरुदेवी के प्यारे, पिता नाभि के दुलारे,
वंश तो इक्ष्वाकु जैसे नभ बीच चन्दा ॥
कनक वरन तन, मोहत भविक जन,
रवि शशि कोटि लाजैं, लाजै मकरन्दा ॥
दोष तौ अठारा नासे, गुन छिआलीस भासे,
अष्ट-कर्म काट स्वामी, भये निरफन्दा ॥
चार ज्ञानधारी गनी, पार नहिं पावें मुनी,
'दौलत' नमत सुख चाहत अमन्दा ॥

अर्थ–हे ऋषभ जिनेन्द्र ! आपकी जय हो। हे स्वामी ! मेरे दुःख दूर कीजिए।

हे प्रभो ! आप माता मरुदेवी के प्यारे हैं, पिता नाभिराय के दुलारे हैं। आपका वंश इक्ष्वाकु है और आप इस जगत में ऐसे शोभायमान हैं जैसे कि आकाश में चन्द्रमा। आपका शरीर स्वर्ण के समान वर्ण वाला है जिसे देखकर भव्यजीव मोहित (आकर्षित या हर्षित) हो जाते हैं, करोड़ों सूर्य-चन्द्र लज्जित हो जाते हैं और पुष्पों का रस भी लज्जित हो जाता है।

हे स्वामी ! आपने अठारह दोषों[1] का नाश कर दिया है, छियालीस गुणों[2] को प्रकट कर लिया है और आप आठों कर्मों[3] का नाश करके पूर्णतः मुक्त भी हो गये हैं।

कविवर दौलतराम कहते हैं कि हे स्वामी ! चार ज्ञान के धारक गणधर और मुनि भी आपका पार नहीं पा सकते हैं, फिर भी मैं अनन्त सुख की अभिलाषा करता हुआ आपको नमस्कार करता हूँ।

(4)

निरख सखी ऋषिन को ईश यह ऋषभ जिन,
परखि कैं स्व-पर परसौंज छारी ॥

1. देखिये पृष्टसंख्या 28 की पाद-टिप्पणी।
2. अनन्तचतुष्टय + 34 अतिशय + 8 प्रातिहार्य = 46 गुण।
3. ज्ञानावरण, दर्शनावरण, मोहनीय, अन्तराय, आयु, नाम, गोत्र और वेदनीय–ये 8 कर्म हैं।

नैन नाशाग्र धरि, मैन विनसाय कर,
मौनयुत स्वास दिशि सुरभिकारी॥
धरासम क्षांतियुत, नरामरखचर-नुत,
वियुत रागादि मद दुरित हारी।
जास क्रम पास भ्रम नाश पंचास्य-मृग,
वास करि प्रीति की रीति धारी॥
ध्यान-दौं माहिं विधि-दारु प्रजराहिं,
शिर केश शुभ किधों धूवाँ विथारी[1]।
फँसे जगपंक जन रंक तिन काढ़ने,
किधों जगनाह बाँह प्रसारी[2]॥
तप्त हाटक वरण, वसन विन आभरण,
खरे थिर ज्यों शिखर मेरुकारी।
'दौल' को देन शिवधौल जगमौल जे,
तिन्हें कर जोर वन्दना हमारी॥

अर्थ–हे सखी ! ऋषियों के स्वामी श्री ऋषभ जिनेन्द्र को देखो, जिन्होंने स्व और पर–दोनों को भली प्रकार पहचानकर पर की परिणति का पूर्णतः त्याग कर दिया है। इन्होंने अपने नेत्रों को नासिका के अग्रभाग पर धारण कर रखा है और कामभाव को विनष्ट कर दिया है। ये मौन भाव से युक्त हैं और इनकी श्वास दिशाओं को सुगन्धित कर रही है।

ये पृथ्वी के समान धैर्य से युक्त हैं, मनुष्य, देव एवं विद्याधरों द्वारा नमस्कृत हैं, रागादि विकार-भावों से रहित हैं और सम्पूर्ण पापों को दूर करनेवाले हैं। सिंह और मृग भी इनके चरणों के पास भ्रम (अज्ञान, क्रोध) को दूर करके प्रेम का भाव धारण करते हैं।

इनके सिर के बाल सफेद हैं, जिससे ऐसा प्रतीत होता है मानो उन्होंने ध्यानरूपी अग्नि में कर्मरूपी काष्ठ को जला दिया है और यह उसी के धुएँ का विस्तार है। उनकी भुजाएँ नीचे लटकी हुई हैं जिससे ऐसा प्रतीत होता है मानो उन्होंने संसार के कीचड़ में फँसे हुए अनाथ प्राणियों को उसमें से निकालने के लिए ही अपनी भुजाओं को इस प्रकार नीचे लटका रखा है।

श्री ऋषभ जिनेन्द्र के शरीर का वर्ण तप्त स्वर्ण के समान है। वे वस्त्र-आभरण से रहित हैं और सुमेरु पर्वत के शिखर के समान स्थिर हैं।

पाठान्तर–1. केश शुभ जिमि धुआँ दिशि विधारी। 2. यह बाँह सारी।

कविवर दौलतराम कहते हैं कि ये श्री ऋषभ जिनेन्द्र मुझे मोक्षमहल को देनेवाले हैं और जगत के शिरोमणि हैं। मैं इन्हें हाथ जोड़कर प्रणाम करता हूँ।

(5)

मेरी सुधि लीजे रिषभ स्वामि, मोहि कीजे शिव-पथगामि।
मैं अनादि भव भ्रमत दुखी अब, तुम दुख मेटत कृपाधाम।
मोहि मोह घेर कर चेरा, पेरा चहुँगति विपति ठाम॥
विषयन मन ललचाय हरी मुझ, शुद्ध ज्ञान सम्पति ललाम।
अथवा या जड़ को न दोष मम, दुख-सुखता परिनति सुकाम॥
भाग जगे तुम चरन जपे अब, वच सुनकें गहे सुगुन-ग्राम।
परम विराग ज्ञानमय मुनिजन, जपत तुम्हारी सुगुन-दाम॥
निर्विकार सम्पति कृत तेरी, छवि पर वारों कोटि काम।
भव्यनि के भव-हारन कारन, सहज यथा तम-हरन घाम॥
तुम गुण महिमा कथन करनकों, गिनत गणी निजबुद्धि खाम।
'दौल' तणी अज्ञान परिणतिं, हे जगत्राता कर ! विराम॥

अर्थ–हे स्वामी ऋषभदेव ! मेरी सुधि लीजिए, मुझे मोक्षमार्गी बनाइए। मैं अनादिकाल से इस संसार में भ्रमण करते हुए बहुत दुःखी हो गया हूँ। मेरे उस दुःख को मिटाने के लिए आप ही कृपा के भण्डार हैं।

हे स्वामी ! मुझे मोह ने घेरकर अपना दास बना लिया है और फिर चतुर्गति के दुःखपूर्ण स्थानों में बहुत घुमाया है। इसने मेरे मन को विषयों का लालची बनाकर मेरी शुद्ध ज्ञानरूपी सुन्दर सम्पत्ति को मुझसे छीन लिया है। अथवा, हे स्वामी ! इस जड़कर्म का कोई दोष नहीं है। मेरे दुःख-सुख का सच्चा कारण तो मेरी काम-परिणति ही है।

हे स्वामी ! आपके सद्गुणों की माला का जाप तो परमविरागी और ज्ञानमयी मुनि करते हैं, किन्तु अब मेरे बड़े भाग्य जगे हैं जो मैंने आपके चरणों का जाप किया है और आपके वचन सुनकर सद्गुण-समुदाय को ग्रहण किया है।

हे स्वामी ! आपकी निर्विकार सम्पत्ति से बनी हुई मुद्रा पर मैं करोड़ों कामदेवों को भी न्यौछावर करता हूँ। जिस प्रकार सूर्य अन्धकार को दूर करने का सहज कारण है, उसी प्रकार आप भव्य जीवों के संसार को दूर करने के सहज कारण हैं।

हे स्वामी ! आपके गुणों की महिमा का कथन करने में गणधर भी अपनी बुद्धि को बहुत अल्प समझते हैं। कविवर दौलतराम कहते हैं कि हे जगत के रक्षक स्वामी ऋषभदेव ! आप मेरी अज्ञान-परिणति को समाप्त कीजिए।

(6)

चलि सखि देखन नाभिराय-घर, नाचत हरि नटवा।
अद्भुत ताल मान शुभ लय युत, चवत राग षटवा॥
मणिमय नूपुरादि भूषन दुति, युत सुरंग पटवा।
हरि कर नखन नखन पै सुरतिय, पग फेरत कटवा॥
किन्नर कर धर बीन बजावत, लय लावत झटवा।
'दौलत' ताहि लखे दृग[1] तृपते, सूझत शिव-बटवा॥

अर्थ–हे सखी ! चलो, राजा नाभिराय के घर चलें; आज वहाँ इन्द्र नट बनकर नाच रहा है, उसे देखेंगे।

हे सखी ! वहाँ वह इन्द्र नट आज अद्भुत ताल और शुभ लय से युक्त होकर षट्प्रकार के राग का गायन कर रहा है। उसने नूपुरादि मणिमय आभूषण पहन रखे हैं और सुन्दर रंग के वस्त्र धारण कर रखे हैं। उसके हाथ के प्रत्येक नख पर अनेक देवियाँ अपनी कमर घुमाकर नृत्य कर रही हैं। किन्नर भी इस समय वीणा को अपने हाथ में लेकर बजा रहे हैं और शीघ्रता के साथ लय उत्पन्न कर रहे हैं।

कविवर दौलतराम कहते हैं कि इस दृश्य को देखने से आँखें तृप्त हो जाती हैं और मोक्ष का मार्ग दिखाई दे जाता है।

(7)

जगदानन्दन जिन अभिनन्दन, पद-अरविन्द नमूँ मैं तेरे।
अरुन वरन अघ-ताप हरन वर, वितरन-कुशल सु शरन बड़े रे।
पद्मासदन मदन-मद-भंजन, रंजन-मुनिजन-मन-अलि केरे॥
ये गुन सुन मैं शरनै आयो, मोहि मोह दुख देत घनेरे।

पाठान्तर–1. चख।

ता मद भानन स्व-पर पिछानन, तुम विन आन न कारन हेरे॥
तुम पद शरन गही जिन ही ते[1], जामन-मरन-जरा[2] निरवेरे।
तुमतें विमुख भये शठ तिनको, चहुँगति विपति महा विधि पेरे॥
तुमरे अमित सुगुन ज्ञानादिक, सतत मुदित गणराज उगेरे।
लहज न मित मैं पतित कहों किम, किन शशकन गिरिराज उखेरे॥
तुम विन राग-द्वेष दर्पन ज्यों, निज-निज भाव फलै तिन केरे।
तुम हो सहज जगत उपकारी, शिवपथ सारथवाह भले रे॥
तुम दयाल बेहाल बहुत हम, काल कराल व्याल चिर घेरे।
भाल नाय गुणमाल जपों तुम, हे दयाल दुख टाल सवेरे॥
तुम बहु पतित सु पावन कीने, क्यों न हरो दुख[3] संकट मेरे।
भ्रम-उपाधि हर सम-समाधि कर, 'दौल' भये तुमरे अब चेरे॥

अर्थ–हे जगत को आनन्दित करनेवाले अभिनन्दन भगवान ! मैं आपके चरण-कमलों को नमस्कार करता हूँ।

हे प्रभो ! आपके शरीर का वर्ण स्वर्ण-जैसा है। आप पापरूपी ताप को दूर करने में समर्थ हैं, संसार से तिरने व तारने में पूर्ण कुशल हैं, महाशरणभूत हैं, लक्ष्मी के निवास-स्थान हैं, कामदेव के गर्व को नष्ट करनेवाले हैं और मुनियों के मनरूपी भ्रमर को प्रसन्न करनेवाले हैं।

हे प्रभो ! मैं आपके इन्हीं गुणों को सुनकर आपकी शरण में आया हूँ। मुझे मोह बहुत अधिक दुःख दे रहा है। उसके आवेग को नष्ट करने के लिए और स्व-पर की सच्ची पहचान करने के लिए मुझे इस संसार में आपके अतिरिक्त अन्य कोई कारण नहीं दिखाई देता।

हे प्रभो ! जिन जीवों ने आपके चरणों की शरण ग्रहण की, उनके जन्म-जरा-मरण दूर हो गये, किन्तु जो शठ आपसे विमुख हैं, उनको प्रबल कर्म ने चतुर्गति की घोर विपत्ति में पेल रखा है।

हे प्रभो ! आपके पास अनन्त ज्ञानादि गुण हैं, जिनको प्रसन्नतापूर्वक गणधरदेव ही गाते हैं। मैं तो अल्पज्ञ और पतित हूँ। मैं उनका कथन किस प्रकार कर सकता हूँ ? क्या कभी खरगोशों ने विशाल पर्वत को उखाड़ा है ?

हे प्रभो ! आप अपने-अपने भाव से परिणमित होनेवाले जगत के अनन्त पदार्थों को, बिना किसी राग-द्वेष के, दर्पण की भाँति स्पष्ट जानते हैं। आप जगत

पाठान्तर–1. तैं। 2. जामन-जरा-मरन। 3. भव।

के सहज उपकारी हैं। आप मोक्षमार्ग के अच्छे नेता हैं।

हे प्रभो ! आप दयानिधान हैं और मैं बहुत दुःखी हूँ। मुझको अनादिकाल से कालरूपी विकराल सर्प ने घेर रखा है। मैं आपको शीश झुकाकर प्रणाम करता हूँ और आपके गुणों की माला जपता हूँ। आप मेरे दुःखों को शीघ्र दूर कीजिए।

कविवर दौलतराम कहते हैं कि हे प्रभो ! आपने बहुत-से पतित जीवों को पावन कर दिया है, फिर क्या कारण है कि आप मेरा दुःख दूर नहीं कर रहे हैं ? हे प्रभो ! मैं अब आपका दास बन गया हूँ, अतः अब तो आप मेरी भ्रम की उपाधि को दूर कीजिए और मुझे समता की समाधि प्रदान कीजिए।

(8)

पद्मासद्म पद्म-पद पद्मा, मुक्ति-सद्म दरसावन है।
कलि-मल-गंजन मन-अलि-रंजन, मुनिजन शरन सुपावन है॥
जाकी जन्मपुरी कुशम्बिका, सुर नर नाग रमावन है।
जास जन्मदिन पूरव षट् नव, मास रतन बरसावन है॥
जा तप-थान पपोसा गिरि सो, आत्मज्ञान थिर थावन है।
केवल ज्योत उद्योत भई सो, मिथ्या तिमिर नशावन है॥
जाको शासन पंचानन सो, कुमति-मतंग नशावन है।
राग विना सेवक जन तारक, पैं तस रुष-तुष भाव न है॥
जाकी महिमा के वर्णन सों, सुर-गुरु बुद्धि थकावन है।
'दौल' अल्पमति को कहबो जिम, शिशुक गिरिन्द ढकावन है॥

अर्थ–जो लक्ष्मी के घर हैं एवं जिनके चरणों में कमल का चिह्न है, वे श्री पद्मप्रभ भगवान मुक्तिरूपी महल को दिखानेवाले हैं, पापरूपी मल को नष्ट करनेवाले हैं, मनरूपी भ्रमर को प्रसन्न करनेवाले हैं और मुनिजनों के सच्चे शरण हैं।

श्री पद्मप्रभ भगवान की जन्मभूमि वह कौशाम्बी नगरी है जहाँ सुर, नर और नागेन्द्र भ्रमण करते हैं तथा जहाँ उनके जन्मदिन से पहले पन्द्रह माह तक रत्नों की वर्षा की गयी थी।

श्री पद्मप्रभ भगवान की तपस्थली पपोसा नामक पर्वत है जहाँ उन्हें आत्मज्ञान की स्थिरता हुई थी और ऐसी केवलज्ञानरूपी ज्योति प्रकट हुई थी जो मिथ्यात्वरूपी सम्पूर्ण अन्धकार को नष्ट करती है।

श्री पद्मप्रभ भगवान का शासन कुमतिरूपी हाथी को नष्ट करने के लिए सिंह के समान है। श्री पद्मप्रभ भगवान को किसी के प्रति राग-द्वेष का भाव नहीं है। वे तो रागभाव के बिना ही सेवकजनों का उद्धार करनेवाले कहलाते हैं।

कविवर दौलतराम कहते हैं कि श्री पद्मप्रभ भगवान की महिमा का वर्णन करने में देवताओं के गुरु की भी बुद्धि थक जाती है, तब फिर मुझ अल्पबुद्धि का वर्णन करना तो ऐसा है, मानो कोई खरगोश का बच्चा पहाड़ को धक्का दे रहा हो।

(9)

चन्द्रानन जिन चन्द्रनाथ के, चरन चतुर चित ध्यावतु है।
कर्मचक्र चकचूर चिदातम, चिन्मूरत पद पावतु है॥
हाहा हूहू नारद तुम्बर, जास अमल यश गावतु है।
पद्मा शची शिवा श्यामादिक, कर धर बीन बजावतु है॥
बिन इच्छा उपदेश माँहि हित, अहित जगत दरसावतु है।
जा पद-तट सुर-नर-मुनि घट चिर, विकट विमोह नशावतु है॥
जाकी चन्द्रवरन तन दुति सों, कोटिक सूर छिपावतु है।
आतम ज्योति उद्योत माँहि सब, ज्ञेय अनन्त दिपावतु है॥
नित्य उदय अकलंक अछीन सु, मुनि-उडु चित्त रमावतु है।
जाकी ज्ञान-चन्द्रिका माँहि, लोकालोक समावतु है॥
साम्य-सिन्धुवर्द्धन-जगनन्दन, को शिर हरि-गण नावतु है।
संशय-विभ्रम-मोह 'दौल' को, हर जो जग भरमावतु है॥

अर्थ–ज्ञानी जीव चन्द्रमा के समान मुखवाले श्री चन्द्रप्रभ भगवान के चरणों का ध्यान करते हैं और कर्मचक्र को नष्ट करके अपने चैतन्यस्वरूपी आत्मतत्त्व की प्राप्ति करते हैं। श्री चन्द्रप्रभ भगवान के उज्ज्वल यश को हाहा, हूहू, नारद, तुम्बर आदि गन्धर्व जाति के व्यन्तर देव भी गाते हैं और उस समय पद्मा, शची, शिवा, श्यामा आदि देवियाँ अपने हाथ में वीणा बजाती हैं।

श्री चन्द्रप्रभ भगवान का उपेदश जो इच्छा के बिना ही होता है, जगत के प्राणियों को हित और अहित का भलीभाँति दर्शन कराता है। उनके चरणों के समीप सुर, नर, मुनियों के हृदय का अनादिकालीन महामोह भी शीघ्र नष्ट हो जाता है। श्री चन्द्रप्रभ भगवान के शरीर का वर्ण चन्द्रमा के समान है और उसकी

आभा से करोड़ों सूर्य भी लज्जित होकर छिप जाते हैं। उनकी आत्मज्योति के प्रकाश में अनन्त ज्ञेय प्रकाशित होते हैं।

श्री चन्द्रप्रभ भगवान ऐसे चन्द्रमा हैं, जो सदा उदित है, कलंक से रहित है, कभी क्षीण नहीं होता है, महामुनि रूपी तारे जिसमें अपने चित्त को रमाये रहते हैं और जिसकी ज्ञानरूपी चाँदनी सम्पूर्ण लोकालोक में फैली हुई है। वे समतारूपी समुद्र को बढ़ानेवाले हैं और सम्पूर्ण जगत को आनन्दित करनेवाले हैं। इन्द्र और गणधर भी उनको मस्तक झुकाकर प्रणाम करते हैं।

कविवर दौलतराम कहते हैं कि हे चन्द्रप्रभ भगवान ! आप मेरे संशय-विभ्रम-मोह को दूर कीजिए, जो मुझे संसार में भ्रमण करा रहा है।

(10)

निरखि जिनचन्द री माई ॥
प्रभु-दुति देख मन्द भयो निशिपति, आन सुपग लिपटाई।
प्रभु सुचन्द वह मन्द होत है, जिन लख सूर छिपाई।
सीत अद्भुत सो बताई ॥
अम्बर शुभ्र निरन्तर[1] दीसै, तत्त्व मित्र सरसाई।
फैल रही जग धर्म-जुन्हाई, चारन चार लखाई।
गिरा अमृत सो गनाई ॥
भये प्रफुल्लित भव्य कुमुद मन, मिथ्या तम सो नसाई।
दूर भये भव-ताप सबनि के, बुध-अम्बुधि सो बढ़ाई।
मदन-चकवे की जुदाई ॥
श्री जिनचन्द वन्द अब 'दौलत', चितकर चन्द लगाई।
कर्मबन्ध निर्बन्ध होत हैं, नाग सु दमनि लसाई।
होत निर्विष सरपाई ॥

अर्थ–हे माँ ! श्री चन्द्रप्रभ भगवान को देखो। उनको देखकर चन्द्रमा भी फीका पड़ गया है और उनके सुन्दर चरणों से लिपट गया है।

हे माँ ! श्री चन्द्रप्रभ भगवान ऐसे उत्कृष्ट चन्द्रमा हैं जिन्हें देखकर चन्द्रमा तो फीका पड़ ही जाता है, सूर्य भी छिप जाता है। श्री चन्द्रप्रभ भगवानरूपी

पाठान्तर–1. निजन्तर।

चन्द्रमा अद्भुत शीतलता प्रदान करनेवाला है।

हे माँ ! श्री चन्द्रप्रभ भगवान रूपी चन्द्रमा के उदय से सारा आकाश सदा स्वच्छ दिखाई दे रहा है, तत्त्वरूपी मित्र प्रसन्न है, सारे संसार में धर्मरूपी चाँदनी फैल रही है और चारों ओर सब कुछ स्पष्ट दिखाई दे रहा है। श्री चन्द्रप्रभ भगवान की वाणी ही उस चन्द्रमा का अमृत है।

हे माँ ! श्री चन्द्रप्रभ भगवानरूपी चन्द्रमा के दर्शन से भव्यजीवों के मनरूपी कमल प्रफुल्लित हो गये हैं, मिथ्यात्वरूपी अन्धकार नष्ट हो गया है, सभी जीवों के सांसारिक ताप दूर हो गये हैं और सम्यग्ज्ञान के सागर में बाढ़ आ गयी है। श्री चन्द्रप्रभ भगवानरूपी चन्द्रमा के दर्शन से कामदेवरूपी चकवे का भी वियोग हो गया है।

कविवर दौलतराम कहते हैं कि हे भाई ! अब तू मन लगाकर श्री चन्द्रप्रभ भगवानरूपी चन्द्रमा की वन्दना कर ! इसी से तू कर्मबन्धन से मुक्त होगा; यही एक ऐसी उत्तम नागदमनी है जिससे सर्प (मोह-राग-द्वेषादि) निर्विष हो जाते हैं।

(11)

जय जिन वासुपूज्य शिव-रमनी, रमन मदन-दनु दारन हैं।
बाल काल संजम सँभाल, रिपु मोह-व्याल बल मारन हैं॥
जाके पंच कल्यान भये, चम्पापुर में सुख कारन हैं।
वासववृन्द अमन्द मोदधर, किये भवोदधि तारन हैं॥
जाके बैनसुधा त्रिभुवन जन, को भ्रमरोग विदारन हैं।
जा गुन चिन्तन अमल अनल मृत, जन्म-जरा वन जारन हैं॥
जाकी अरुन शान्ति छवि रवि-भा, दिवस-प्रबोध प्रसारन हैं।
जाके चरन शरन सुरतरु वांछित शिवफल विस्तारन हैं॥
जाको शासन सेवत मुनि जे, चार ज्ञान के धारन हैं।
इन्द्र फणीन्द्र मुकुट-मनि-द्युति-जल, जा पद कलिल पखारन हैं॥
जाकी सेव अछेव रमा कर, चहुँगति विपति उधारन है।
जा अनुभव घनसार सु आकुल, ताप कलाप निवारन है॥
द्वादशमो जिनचन्द्र जास वर, जस उजास को पार न है।
भक्तिभार तैं नमें 'दौल' को, चिर विभाव दुख टारन है॥

अर्थ–मुक्तिरमणी के साथ रमण करनेवाले और कामदेवरूपी राक्षस को नष्ट करनेवाले श्री वासुपूज्य भगवान की जय हो। उन्होंने बाल्यकाल में ही संयम धारण कर लिया था और सिंह के समान प्रबल मोहशत्रु का विनाश कर दिया था।

श्री वासुपूज्य भगवान के वे पाँचों कल्याणक जो सुखकारी हैं और संसार-सागर से तारनेवाले हैं, चम्पापुरी में देवों द्वारा अत्यन्त हर्ष के साथ मनाये गये थे।

श्री वासुपूज्य भगवान के वचन तीन लोक के प्राणियों के भ्रमरूपी रोग को दूर करने के लिए अमृत के समान हैं और उनके निर्मल गुणों का चिन्तवन एक ऐसी आग के समान है जो जन्म-जरा-मरण रूपी वन को जलाकर राख कर देती है।

श्री वासुपूज्य भगवान के शरीर का वर्ण लाल है और उनकी शान्त छवि उस सूर्य के प्रकाश के समान है जो ज्ञानरूपी दिन को प्रकट करता है। भगवान के चरणों की शरण उस कल्पवृक्ष के समान है जो इच्छित मोक्षफल को प्रदान करनेवाला है।

श्री वासुपूज्य भगवान के शासन का सेवन चार ज्ञान के धारक मुनि करते हैं और इन्द्र और नागेन्द्र भी अपने मुकुट की मणि के प्रभारूपी जल को उनके चरणों पर डालकर अपने पापों को धोते हैं।

श्री वासुपूज्य भगवान की सेवा शाश्वत लक्ष्मी को प्रदान करनेवाली और चतुर्गति के दुःखों से बचानेवाली है तथा उनका अनुभवरूपी चन्दन आकुलतारूपी ताप के समूह को दूर करनेवाला है।

श्री वासुपूज्य भगवान बारहवें तीर्थंकर हैं। उनके श्रेष्ठ यशरूपी उजाले का कोई अन्त नहीं है।

कविवर दौलतराम कहते हैं कि मैं उनको अत्यन्त भक्तिपूर्वक प्रणाम करता हूँ। वे मेरे अनादिकालीन विभाव-दुःख को दूर करनेवाले हैं।

(12)

वारी हो बधाई या शुभ साजै।
विश्वसेन ऐरादेवी गृह, जिनभव मंगल छाजै ॥1॥
सब अमरेश अशेष विभवजुत, नगर नागपुर आये।
नागदत्त सुर इन्द्र वचन तें, ऐरावत सजि धाये।

लख जोजन शत वदन वदन वसु, रद प्रति सर ठहराये।
सर सर सौ पन-बीस नलिन प्रति, पद्म पचीस विराजै ॥2॥

पद्म पद्म प्रति अष्टोत्तर शत, ठने सुदल मनहारी।
ते सब कोटि सताइस पै मुद जुत नाचत सुरनारी।
नवरस गान ठान कानन को, उपजावत सुख भारी।
वंक लै लावत लंक लचावत, दुति लखि दामिन लाजै ॥3॥

गोप गोपतिय जाय माय ढिंग, करी तास थुति भारी।
सुखनिद्रा जननी को करि नमि, अंक लियो जगतारी।
लै वसु मंगल द्रव्य दिशसुरीं, चलीं अग्र शुभकारी।
हरख हरी चख सहस करी, तब जिनवर निरखन काजै ॥4॥

ता गजेन्द्र पै प्रथम इन्द्र ने, श्री जिनेन्द्र पधराये।
द्वितिय छत्र दिय तृतिय तुरिय हरि मुदधर चमर ढुराये।
शेष शक्र जय शब्द करत, नभ लंघ सुराचल आये।
पांडुशिला जिन थापि नची शचि, दुन्दुभि कोटिक बाजै ॥5॥

पुनि सुरेश ने श्री जिनेश को, जन्म न्हवन शुभ ठानो।
हेम कुम्भ सुर हाथहिं हाथन, क्षीरोदधि जल आनो।
वदन-उदर-अवगाह एक-सौ-वसु योजन परमानो।
सहस आठ कर करि हरि जिनशिर, ढारत जयधुनि गाजै ॥6॥

फिर हरि-नारि सिंगार स्वामि-तन, जजे सुरा जस गाये।
पूरवली विधि करि पयान, मुद ठान पिता घर लाये।
मणिमय आँगन में कनकासन, पै श्री जिन पधराये।
ताण्डव-नृत्य कियो सुरनायक, शोभा सकल समाजै ॥7॥

फिर हरि जगगुरु पिता तोष, शान्तेश धरो जिन नामा।
पुत्र जन्म उत्साह नगर में, कियो भूप अभिरामा।
साधि सकल निज-निज नियोग, सुर-असुर गये निजधामा।
त्रिपदधारि जिन चारु चरन की, 'दौलत' करत सदा जै ॥8॥

अर्थ–बलिहारी हो बधाई के इस शुभ अवसर की, जो पिता विश्वसेन एवं माता ऐरादेवी के घर पर श्री शान्तिनाथ जिनेन्द्र के जन्म का मंगल उत्सव हो रहा है ॥1॥

इस अवसर पर सभी इन्द्र अपने सम्पूर्ण वैभव के साथ हस्तिनापुर में आये हुए हैं। इन्द्र की ही आज्ञा पाकर नागकुमार देव भी ऐरावत हाथी को सजाकर यहाँ ले आये हैं। यह ऐरावत हाथी एक लाख योजन ऊँचा है। इसके एक सौ मुख हैं। प्रत्येक मुख में आठ-आठ दाँत हैं। प्रत्येक दाँत पर एक-एक सरोवर है। प्रत्येक सरोवर में एक सौ पच्चीस कमलदण्ड हैं। प्रत्येक कमलदण्ड में पच्चीस कमल हैं। प्रत्येक कमल में एक सौ आठ मनोहर पत्ते हैं, जो कुल मिलाकर 27 करोड़ हैं। इन सभी पत्तों पर हर्षित होकर देवियाँ नृत्य कर रही हैं। साथ ही नव रस के गीत गा-गाकर कानों को बहुत सुख उत्पन्न कर रही हैं। नृत्य के समय जब ये देवियाँ टेड़ी होकर अपनी कमर को झुकाती हैं तो इनकी शोभा देखकर बिजली भी लज्जित हो जाती है ॥2-3॥

इन्द्राणी ने इस अवसर पर माता ऐरादेवी के पास गुप्त रूप से जाकर उनकी बहुत स्तुति की। उसके पश्चात् माता को सुखनिद्रा में सुलाकर और नमस्कार करके शान्तिनाथ जिनेन्द्र को अपनी गोद में उठा लिया। दिक्कुमारी देवियाँ अष्ट मंगल द्रव्य लेकर उनके आगे-आगे चलने लगीं। इन्द्र ने हर्षित होकर जिनेन्द्र शान्तिनाथ को देखने के लिए अपनी एक हजार आँखें बनायीं ॥4॥

इसके बाद प्रथम स्वर्ग के इन्द्र ने भगवान को ऐरावत हाथी पर विराजमान किया। द्वितीय स्वर्ग के इन्द्र ने उन पर छत्र लगाया। तृतीय व चतुर्थ स्वर्ग के इन्द्रों ने प्रसन्न होकर चँवर ढुराये। शेष सभी इन्द्र जय-जय शब्द करने लगे। इस प्रकार सभी इन्द्रादि आकाश-मार्ग को पार करके सुमेरु पर्वत पर आ गये। भगवान को पाण्डुक शिला पर विराजमान कर देने पर इन्द्राणी ने खूब नृत्य किया। करोड़ों दुन्दुभि बाजे बजने लगे ॥5॥

इसके बाद इन्द्र ने श्री जिनेन्द्र का शुभ जन्माभिषेक प्रारम्भ किया। देवों ने परस्पर हाथों ही हाथों से स्वर्णकलशों में क्षीरसागर का जल लाना प्रारम्भ किया। इन स्वर्णकलशों के मुख का परिमाण एक योजन, पेट का परिमाण चार योजन और उनकी गहराई आठ योजन प्रमाण थी। ऐसे एक हजार आठ कलशों से इन्द्र ने भगवान के मस्तक पर जलधारा डाली और गर्जना के साथ जयध्वनि की ॥6॥

इसके बाद इन्द्राणी ने भगवान के शरीर का शृंगार किया और देवों ने उनकी पूजा की, उनका यशोगान किया। इसके बाद सबने पूर्ववत् वहाँ से प्रयाण किया और प्रसन्नतापूर्वक भगवान को पिता के घर ले आये। वहाँ इन्द्र ने उनको मणिमयी आँगन में स्वर्ण के आसन पर विराजमान कर दिया और उनके समक्ष सकल समाज की शोभा बढ़ानेवाला ताण्डवनृत्य किया ॥7॥

इसके बाद इन्द्र ने जगतगुरु के पिता को प्रसन्न करते हुए बाल जिनेन्द्र का

नाम शान्तेश रखा। पिता ने सम्पूर्ण नगर में पुत्रजन्म का सुन्दर उत्सव किया। इसके बाद समस्त सुर-असुर अपने-अपने नियोग को साधकर अपने-अपने स्थान को लौट गये।

कविवर दौलतराम कहते हैं कि श्री शान्तिनाथ स्वामी चक्रवर्ती, कामदेव और तीर्थंकर–इन तीन पदों के धारक हैं। मैं उनके सुन्दर चरणों की सदा जय (वन्दना) करता हूँ ॥8॥

(13)

कुन्थन के प्रतिपाल कुन्थु जग तार सार गुन धारक हैं।
वर्जित-ग्रन्थ कुपन्थ-वितर्जित अर्जित-पन्थ अमारक हैं॥
जाकी समवसरन बहिरंग रमा गणधार अपारक हैं।
सम्यग्दर्शन-बोध-चरण अध्यात्मरमा भर भारक हैं॥
दशधा धर्मपोत कर भव्यन को भवसागर तारक हैं।
वर-समाधि-वन घन विभावरज पुंजनि कुंज निवारक हैं॥
जासु ज्ञान नभ में अलोकजुत लोक यथा इक तारक हैं।
जासु ध्यान हस्तावलम्ब दुख-कूप विरूप उधारक हैं॥
तज छखण्ड कमला प्रभु अमला तप-कमला आगारक हैं।
द्वादश सभा-सरोज सूर भ्रमतरु अंकूर उपारक हैं॥
गुण अनन्त कहि लहत अन्त को, सुरगुरु से बुध हारक हैं।
'दौल' नमैं हे कृपाकन्द ! भवद्वन्द टार बहु बार कहैं॥

अर्थ–श्री कुन्थुनाथ भगवान जीवों का पालन करनेवाले हैं, जगत को तारनेवाले हैं, श्रेष्ठ गुणों को धारण करनेवाले हैं, समस्त परिग्रह से रहित हैं, कुमार्ग से हटानेवाले हैं, सन्मार्ग को ग्रहण करनेवाले हैं और हिंसा व कामभाव से सर्वथा रहित हैं।

वे बहिरंग और अन्तरंग दोनों प्रकार की लक्ष्मी से युक्त हैं। बहिरंग लक्ष्मी के रूप में तो उनके पास समवसरण और अनेकानेक गणधर हैं तथा अन्तरंग लक्ष्मी के रूप में उनके पास सम्यग्दर्शन-ज्ञान-चारित्र का भण्डार है।

श्री कुन्थुनाथ भगवान दशलक्षण धर्मरूपी नौका के द्वारा भव्य जीवों को संसार-सागर से पार उतारनेवाले हैं, श्रेष्ठ समाधिरूपी वन के लिए बादल के

समान हैं और विभावरूपी रज के ढेर को दूर करनेवाले हैं। उनके ज्ञानरूपी आकाश में अलोकाकाश-सहित सम्पूर्ण लोकाकाश इसप्रकार प्रतिभासित होता है मानों एक तारा मात्र हो। उनके ध्यानरूपी हस्त का अवलम्बन जीवों को दुःखरूपी भयंकर कूप से बाहर निकाल देता है।

श्री कुन्थुनाथ भगवान छह खण्ड की लक्ष्मी को त्यागकर निर्मल तपरूपी लक्ष्मी के भण्डार बन गये हैं। वे (समवसरण में विद्यमान) द्वादश सभा के भव्य जीवरूपी कमलों को खिलाने के लिए सूर्य के समान हैं और उनके भ्रमरूपी वृक्ष के अंकुर को सर्वथा उखाड़ देनेवाले हैं। उनके अनन्त गुणों का वर्णन करते हुए कोई भी अन्त नहीं पा सकता है। देवताओं के गुरु की भी बुद्धि इस विषय में हार जाती है। कविवर दौलतराम तो यह कहते हुए बहुत बार नमस्कार करते हैं कि हे कृपाकन्द ! मेरे संसार-दुःख को दूर कर दीजिए।

(14)

अहो ! नमि जिनप नित नमत शत सुरप,
कन्दर्प-गज-दर्प नाशन प्रबल पन-लपन ॥
नाथ ! तुम बानि पय पान जे करत भवि,
नसैं तिनकी जरा-मरन-जामन-तपन ॥
अहो शिव-भौन ! तुम चरन चिन्तौन जे,
करत तिन जरत भावी दुखद भव-विपन ॥
हे भुवनपाल ! तुम विशद गुन-माल उर,
धरैं ते लहैं टुक काल में श्रेय पन ॥
अहो गुन-तूप ! तुम रूप चख सहस करि,
लखत सन्तोष-प्रापति भयो नाकप न ॥
अज ! अकल ! तज सकल, दुखद परिगह कुगह,
दुःसह परिसह सही धार व्रत-सार पन ॥
पाय केवल सकल लोक करवत् लख्यो,
अख्यो वृष द्विधा सुनि नसत भ्रम-तम-झपन ॥
नीच कीचक कियो मीच तैं रहित जिम,
दास को पास ले नाश भव वास पन ॥

अर्थ–हे नमिनाथ भगवान ! आपको सदा सौ इन्द्र नमस्कार करते हैं। आप कामदेव रूपी हाथी के दर्प को नष्ट करने के लिए शक्तिशाली सिंह हैं।

हे स्वामी ! जो भव्य जीव आपके वचनरूपी शीतल जल का पान करते हैं, उनकी जन्म-जरा-मरण रूपी तपन समाप्त हो जाती है।

अहो, मोक्ष के मन्दिर ! जो जीव आपके चरणों का चिन्तवन करते हैं, उनका भविष्यकालीन दुःखदायी संसाररूपी वन जल जाता है।

हे तीन लोक के स्वामी ! जो जीव आपके निर्मल गुणों की माला को अपने हृदय में धारण करते हैं, वे अल्पकाल में उत्तम कल्याण (मोक्ष) को प्राप्त करते हैं।

हे गुणों के स्तूप ! इन्द्र आपके रूप को हजार आँखों से देखकर भी तृप्त नहीं हुआ था।

हे अज ! हे अकल ! आपने सम्पूर्ण परिग्रह का, जो महा दुखद खोटे ग्रहों के समान था, त्याग कर दिया था, और उत्तम पंच महाव्रतों को धारण कर कठिन परिषहों को सहन किया था।

उसके बाद आपने सम्पूर्ण विश्व को अपने हाथ के समान देख लिया और फिर दो प्रकार के धर्म (मुनिधर्म व श्रावकधर्म) का उपदेश दिया, जिसे सुनकर भ्रमरूपी घना अन्धकार नष्ट हो जाता है।

हे नमिनाथ स्वामी ! जिस प्रकार आपने अधम प्राणी कीचक को मृत्यु से रहित (अमर) कर दिया था, उसी प्रकार आप मुझे भी मेरे पंचपरावर्तन रूप संसार को नष्ट करके अपने पास ले लीजिए।

(15)

नेमिप्रभू की श्याम वरन छवि, नैनन छाय रही।
मणिमय तीन पीठ पर अम्बुज, तापर अधर ठही॥
मार मार तप धार जार विधि, केवल ऋद्धि लही।
चार तीस अतिशय दुति मण्डित, नव दुग दोष नहीं॥
जाहि सुरासुर नमत सतत मस्तक तैं परस मही।
सुर-गुरु-उर-अम्बुज प्रफुलावन, अद्भुत भान सही॥
धर अनुराग विलोकत जाको, दुरित नसै सब ही।
'दौलत' महिमा अतुल जास की, कापै जात कही॥

अर्थ–श्री नेमिनाथ भगवान की श्यामवर्ण मुद्रा मेरे नेत्रों में इस प्रकार छाई हुई है कि वे तीन मणिमय सिंहासनों के ऊपर कमल पर अधर में स्थित हैं। उन्होंने कामदेव को मार दिया है, तप को धारण कर लिया है, कर्मों को नष्ट कर दिया है और केवलज्ञानरूपी ऋद्धि को प्राप्त कर लिया है। वे चौंतीस अतिशयों[1] की ज्योति से शोभायमान हैं और अठारह दोषों[2] से रहित हैं। उनको समस्त सुर और असुर अपना मस्तक भूमि से स्पर्श करके सदैव नमस्कार करते हैं। वे देवताओं के गुरु के भी हृदय-कमल को खिलाने के लिए अद्भुत और सच्चे सूर्य हैं।

कविवर दौलतराम कहते हैं कि ऐसे श्री नेमिनाथ भगवान की महिमा अतुलनीय है, किसी से कही नहीं जा सकती है। जो जीव उनको अनुरागपूर्वक देखता है उसके सम्पूर्ण पाप नष्ट हो जाते हैं।

(16)

लाल कैसे जावोगे, अशरन-शरन कृपाल।
इक दिन सरस बसन्त समय में, केशव की सब नारी।
प्रभु प्रदक्षिणा रूप खड़ी है, कहत नेमि पर वारी॥
कुमकुम लै मुख मलत रुकमिनी, रंग छिड़कत गान्धारी।
सतभामा प्रभु ओर जोर कर, छोरत है पिचकारी॥
ब्याह कबूल करो तो छूटो, इतनी अरज हमारी।
ओंकार कहकर प्रभु मुलके, छाँड दिये जगतारी॥
पुलकित वदन मदन-पितु-भामिन, निज-निज सदन सिधारी।
'दौलत' जादव-वंश-व्योम-शशि, जयो जगत-हितकारी॥

अर्थ–हे लाल ! तुम तो अशरणों के शरण हो और कृपालु हो, तुम हमें छोड़कर कैसे जाओगे ?

एक दिन वसन्त ऋतु के सुहावने समय में श्रीकृष्ण की सभी स्त्रियाँ नेमिनाथ को घेरकर खड़ी हो गयीं और कहने लगीं कि हे नेमि ! हम तुम पर बलिहारी जाती हैं, तुम हमें छोड़कर मत जाओ।

---

1. इन 34 अतिशयों में 10 अतिशय जन्म के हैं, 11 अतिशय केवलज्ञान के हैं और शेष 13 अतिशय देवकृत होते हैं। इनकी विशेष जानकारी के लिए जैनेन्द्र सिद्धान्त कोश, भाग 1, पृष्ठ 137 देखें।
2. अठारह दोषों की जानकारी के लिए पृष्ठसंख्या 29 का पाद-टिप्पण देखें।

रुक्मिणी कुंकुम लेकर उनके मुख पर मलने लगी, गान्धारी रंग छिड़कने लगी और सत्यभामा उनके सन्मुख होकर उन पर जबरदस्ती पिचकारी छोड़ने लगी। श्रीकृष्ण की इन सभी स्त्रियों ने नेमिनाथ से कहा कि यदि विवाह करना स्वीकार कर लो तो छूट जाओगे। हमारी आपसे प्रार्थना है कि आप विवाह कर लो।

इस पर श्री नेमिनाथ ओंकार कहकर मुस्कुरा दिये और श्रीकृष्ण की स्त्रियों ने उनको छोड़ दिया।

इसके बाद श्रीकृष्ण की सभी स्त्रियाँ प्रसन्नमुख होकर अपने-अपने भवन में चली गयीं।

कविवर दौलतराम कहते हैं कि जो यादव वंशरूपी आकाश के चन्द्रमा हैं और सम्पूर्ण जगत का कल्याण करनेवाले हैं, उन श्री नेमिनाथ स्वामी की जय हो।

(17)

पारस जिन चरण निरख हर्ष यों लहायो।
चितवत चन्दा चकोर ज्यों प्रमोद पायो॥
ज्यों सुन घनघोर शोर, मोर हर्ष को न ओर।
रंक निधि समाज राज, पाय मुदित थायो॥
ज्यों जन चिर छुधित होय, भोजन लखि सुखित होय।
भेषज गद-हरण पाय, सरुज सु हरषायो॥
वासर भयो धन्य आज, दुरित दूर परे भाज।
शान्त दशा देख महा, मोह-तम पलायो॥
जाके गुन जानन जिम, भानन भव-कानन इम।
जान 'दौल' शरन आय, शिव-सुख ललचायो॥

अर्थ–अहो ! आज मुझे श्री पार्श्वनाथ जिनेन्द्र के चरणों को देखकर बैरा ही अपार हर्ष हुआ है, जैसा कि चन्द्रमा को देखकर चकोर को होता है, बादलों की घोर गर्जना सुनकर मोर को होता है, सम्पदा, समाज, राज्य आदि पाकर रंक को होता है, भोजन को देखकर चिरकाल से भूखे व्यक्ति को होता है तथा पीड़ाहारी औषध पाकर रोगी को होता है।

हे प्रभो ! आज मेरा यह दिन धन्य हो गया है, आज मेरे पाप दूर भाग गये हैं और आपकी शान्त मुद्रा को देखकर मेरा मोहरूपी महा अन्धकार भी नष्ट हो गया है।

कविवर दौलतराम कहते हैं कि हे प्रभो ! मैं आपके ज्ञान जैसे अनन्त गुणों को इस संसाररूपी वन को नष्ट करनेवाला जानकर आपकी शरण में आया हूँ तथा मोक्ष की ओर आकर्षित हुआ हूँ।

(18)

पास अनादि अविद्या मेरी, हरन पास परमेशा हैं।
चिद्विलास सुखराश प्रकाशक, वितरन त्रिभोन दिनेशा हैं॥
दुर्निवार कन्दर्प सर्प को दर्प विदर्ण खगेशा हैं।
दुठ शठ कमठ उपद्रव प्रलय समीर सुवर्ण नगेशा हैं॥
ज्ञान अनन्त अनन्त दर्श बल, सुख अनन्त पद्मेशा हैं।
स्वानुभूति-रमनी-वर भवि भव-गिरि पवि शिव-सद्मेशा हैं॥
ऋषि मुनि यति अनगार सदा तिस, सेवत पाद-कुशेशा हैं।
वदन-चन्द्र तैं झरै गिरामृत, नाशन जन्म कलेशा हैं॥
नाम-मन्त्र जे जपे भव्य तिन, अघ-अहि नशत अशेषा हैं।
सुर अहमिन्द्र खगेन्द्र चन्द्र है, अनुक्रम होंहि जिनेशा हैं॥
लोक अलोक ज्ञेय ज्ञायक पै, रत निज भाव चिदेशा हैं।
राग बिना सेवक जन तारक, मारक मोह न द्वेषा हैं॥
भद्र-समुद्र विवर्द्धन अद्भुत, पूरन चन्द्र सुवेशा हैं।
'दौल' नमें पद तासु जासु शिवथल समेद अचलेशा हैं॥

अर्थ–मेरे अनादिकालीन अज्ञान के बन्धन को दूर करने के लिए श्री पार्श्वनाथ भगवान ही परमेश्वर हैं–परम समर्थ हैं। वे चैतन्य से विलास करनेवाले हैं और सुख के भण्डार को प्रकाशित करके तीनों लोकों में वितरित के लिए सूर्य के समान हैं।

श्री पार्श्वनाथ भगवान कामदेव रूपी दुर्निवार सर्प के दर्प को चकनाचूर करने के लिए गरुड़ पक्षी के समान हैं और दुष्ट व कपटी कमठ के उपद्रव की प्रलयंकर वायु के लिए सुमेरु पर्वत के समान हैं।

वे अनन्त ज्ञान, अनन्त दर्शन, अनन्त बल और अनन्त सुखरूपी लक्ष्मी के स्वामी हैं। वे स्वानुभूतिरूपी स्त्री के पति हैं, भव्यजीवों के संसाररूपी पर्वत को चकनाचूर करने के लिए वज्र हैं और मोक्षरूपी महल के स्वामी हैं।

ऋषि, मुनि, यति, अनगार सदा उनके चरण-कमलों की सेवा करते हैं। उनके मुखरूपी चन्द्रमा से ऐसा वचनरूपी अमृत झरता है, जो संसार के सर्वदुःखों को नष्ट कर देता है।

जो भव्यजीव आपके नामरूपी मन्त्र का जाप करते हैं उनके समस्त पापरूपी साँप नष्ट हो जाते हैं और वे स्वयं भी देव, अहमिन्द्र, विद्याधर, चन्द्र आदि होकर क्रमशः जिनेन्द्र बन जाते हैं।

श्री पार्श्वनाथ भगवान लोक और अलोक के ज्ञेयों को जानते हैं, तथापि अपने चैतन्य स्वभाव में लीन रहते हैं। यद्यपि उनके राग नहीं है, तथापि वे सेवक जनों को तारनेवाले हैं और यद्यपि उनके द्वेष नहीं है, तथापि वे मोह को मारनेवाले हैं।

कविवर दौलतराम कहते हैं कि जो पार्श्वनाथ भगवान कल्याणरूपी समुद्र को बढ़ाने के लिए अद्भुत पूर्ण चन्द्रमा के समान हैं और जिनकी निर्वाण-भूमि सम्मेदशिखर नामक श्रेष्ठ पर्वत है, मैं उनके चरणों में प्रणाम करता हूँ।

(19)

सामरिया के नाम जपें तें छूट जाय भव भामरियाँ।
दुरित दुरत पुनि तुरत फुरत गुन, आतम की निधि आगरियाँ।
विघटत है पर-चाह-दाह झट, गटकत समरस गागरियाँ॥
कटत कलंक कर्म कलसायन, प्रगटत शिवपुर डागरियाँ।
फटत घटा घन मोह छोह हट, प्रगटत भेदज्ञान घरियाँ॥
कृपा कटाक्ष तुम्हारी ही तें, जुगल नाग विपदा टरियाँ।
धार भये सो मुक्ति रमावर, 'दौल' नमें तुम पागरियाँ॥

अर्थ–भगवान पार्श्वनाथ का नाम जपने से संसार-भ्रमण समाप्त हो जाता है।

भगवान पार्श्वनाथ का नाम जपने से समस्त पाप लुप्त हो जाते हैं, अनन्त गुण शीघ्र प्रकट हो जाते हैं, आत्मा की सच्ची सम्पत्ति प्राप्त हो जाती है, परपदार्थों की इच्छारूपी अग्नि नष्ट हो जाती है और शीघ्र ही साम्यभावरूपी रस के कलशों का गटागट पान होता है।

पार्श्वनाथ प्रभु का नाम जपने से कर्म-कलंक की कलुषता (मलिनता) दूर हो जाती है और मोक्ष का मार्ग प्रकट हो जाता है। उनका नाम जपने से मोह

(मिथ्यात्व) रूपी बादलों की घोर घटा फट जाती है, द्वेषभाव नष्ट हो जाता है और भेदविज्ञान की उत्तम घड़ी प्रकट हो जाती है।

कविवर दौलतराम कहते हैं कि हे स्वामी ! आपकी कृपादृष्टि से ही नाग-नागिन के दुःख दूर हुए थे और वे आपके मार्ग को ही धारण करके आगे चलकर मोक्ष-लक्ष्मी के पति बने थे। मैं आपके चरणों में प्रणाम करता हूँ।

(20)

वामा घर बजत बधाई, चल देख री माई।
सुगुन रास जग आस भरन, जिन जने पार्श्व जिनराई।
श्री ही धृति कीरति बुधि लछमी, हर्ष न अंग समाई॥
वरन वरन मणि चूर शची सब, पूरत चौक सुहाई।
हाहा हूहू नारद तुम्बर, गावत श्रुत सुखदाई॥
ताण्डव नृत्य नटत हरि नट तिन, नख-नख सुरीं नचाई।
किन्नर कर धर बीन बजावत, दृग मनहर छवि छाई॥
'दौल' तासु प्रभु की महिमा सुर-गुरु पै कहिय न जाई।
जाके जन्म समय नरकन में, नारकि साता पाई॥

अर्थ–हे माँ ! चलो देखो, वामादेवी के घर बधाइयाँ बज रही हैं। उन्होंने आज उन पार्श्वनाथ भगवान को जन्म दिया है, जो गुणों के भण्डार हैं और सारे जगत की आशा को पूरी करनेवाले हैं।

हे माँ ! आज श्री, ह्री धृति, कीर्ति, बुद्धि और लक्ष्मी–ये षट् देवियाँ भी बहुत हर्षित हो रही हैं। उनका हर्ष उनके अंग में नहीं समा रहा है। इन्द्राणी भी नाना वर्णों की मणियों के चूर्ण से बहुत सुन्दर चौक पूर रही है। हाहा, हूहू, नारद, तुम्बर आदि गन्धर्व जाति के देव भी सुखद शास्त्रों का गायन कर रहे हैं। इन्द्र भी नट बनकर ताण्डव नृत्य कर रहा है और उसके प्रत्येक नख पर देवियाँ नृत्य कर रही हैं। किन्नर जाति के देव भी वीणा को अपने हाथ में धारण करके बजा रहे हैं। बड़ा ही नयनाभिराम व मनोहर दृश्य उपस्थित हो गया है।

कविवर दौलतराम कहते हैं कि ऐसे श्री पार्श्वप्रभु की महिमा देवताओं के गुरु से भी कही नहीं जा सकती है। आज उनके जन्म के समय नरकों में नारकी जीवों को भी साता का अनुभव हुआ है।

(21)

वन्दों अद्भुत चन्द्र वीर जिन, भवि-चकोर-चित-हारी।
सिद्धारथ नृप-कुलनभ-मण्डन, खण्डन भ्रम-तम भारी।
परमानन्द-जलधि विस्तारन, पाप-ताप छयकारी॥
उदित निरन्तर त्रिभुवन अन्तर, कीरत-किरन पसारी।
दोष मलंक कलंक अटंकित, मोह-राहु निरवारी॥
कर्मावरन पयोद अरोधित, बोधित शिवमगचारी।
गणधरादि मुनि उडुगन सेवत, नित पूनम तिथि धारी॥
अखिल अलोकाकाश उलंघन, जासु ज्ञान उजियारी।
'दौलत' मनसा-कुमुदिन-मोदन, जयो चरम जगतारी॥

अर्थ–मैं महावीर जिनेन्द्ररूपी उस अद्भुत चन्द्रमा को नमस्कार करता हूँ जो भव्यजीवरूपी चकोर पक्षियों के चित्त को आकर्षित करनेवाला है।

महावीर जिनेन्द्ररूपी चन्द्रमा राजा सिद्धार्थ के कुलरूपी आकाश को सुशोभित करनेवाला है, भ्रमरूपी घोर अन्धकार को नष्ट करनेवाला है, परमानन्दरूपी समुद्र को बढ़ानेवाला है और पापरूपी गर्मी को समाप्त करनेवाला है।

महावीर जिनेन्द्ररूपी चन्द्रमा सदा उदित रहनेवाला है। उसकी कीर्तिरूपी किरणें तीनों लोकों में फैली हुई हैं। वह दोष एवं मलरूपी कलंक से रहित है और मोहरूपी राहु को दूर करनेवाला है।

महावीर जिनेन्द्ररूपी चन्द्रमा कर्मावरणरूपी बादलों से रोका नहीं जा सकता है। वह मोक्षमार्गी जीवों को राह दिखाता है, गणधर आदि जैसे मुनिरूपी तारे उसका सेवन करते हैं और वह सदा पूर्णिमा तिथि का ही रूप धारण किये रहता है। उसकी ज्ञानरूपी चाँदनी सम्पूर्ण अलोकाकाश तक पहुँच जाती है।

कविवर दौलतराम कहते हैं कि हे मेरे मनरूपी कमल को प्रसन्न करनेवाले अन्तिम तीर्थंकर ! आपकी जय हो।

(22)

जय श्री वीर जिनेन्द्र चन्द्र, शत इन्द्र वन्द्य जगतारं।
सिद्धारथ कुल कमल अमल रवि, भव-भूधर पवि भारं।
गुन-मनि-कोष अदोष मोखपति, विपिन-कषाय-तुषारं॥

मदन-कदन शिव-सदन पद नमति,[1] नित अनमित यति सारं।
रमा-अनन्त-कन्त अन्तक-कृत-अन्त जन्तु-हितकारं॥
फन्द चन्दना कन्दन दादुर, दुरित तुरित निर्वारं।
रुद्ररचित अतिरुद्र उपद्रव, पवन अद्रिपति सारं॥
अन्तातीत अचिन्त्य सुगुन तुम, कहत लहत को पारं।
हे जगमौल ! 'दौल' तेरे क्रम, नमें शीश कर धारं॥

अर्थ—सौ इन्द्रों द्वारा वन्दनीय और जगत को तारनेवाले श्री महावीर जिनेन्द्ररूपी चन्द्रमा जयवन्त रहें।

वे राजा सिद्धार्थ के कुलरूपी स्वच्छ कमल के लिए सूर्य हैं, संसाररूपी पर्वत के लिए मजबूत वज्र हैं, गुणरूपी मणियों के भण्डार हैं, निर्दोष मोक्ष के स्वामी हैं और कषायरूपी जंगल के लिए बर्फ के समान हैं।

वे कामदेव को नष्ट करनेवाले हैं और कल्याण के घर हैं। उनके चरणों में नित्य अगणित श्रेष्ठ यति नमस्कार करते हैं। वे अनन्त लक्ष्मी के पति हैं, मृत्यु का अन्त करनेवाले हैं और प्राणिमात्र का हित करनेवाले हैं।

वे चन्दना के बन्धनों को काटनेवाले हैं और मेढक के पापों को तुरन्त मिटानेवाले हैं। रुद्र द्वारा किये गये महाभयंकर उपद्रव की पवन के समक्ष वे श्रेष्ठ पर्वतराज हैं।

कविवर दौलतराम कहते हैं कि हे जगत-शिरोमणि महावीर जिनेन्द्र ! आपके सुगुण अनन्त और अचिन्त्य हैं। उन्हें कहने में कौन पार पा सकता है ? मैं आपके चरणों में हाथ जोड़कर मस्तक झुकाता हूँ।

(23)

जय शिव-कामिनि-कन्त ! वीर भगवन्त अनन्त सुखाकर हैं।
विधि-गिरि-गंजन बुध-मन-रंजन, भ्रम-तम-भंजन भाकर हैं॥
जिन उपदेश्यो दुविध धर्म जो, सो सुर-सिद्ध-रमाकर हैं।
भवि-उर-कुमुदिन-मोदन भव-तप-हरन अनूप निशाकर हैं॥
परम विराग रहैं जगतैं पै, जगत-जीव रक्षाकर हैं।
इन्द्र फणीन्द्र खगेन्द्र चन्द्र जग-ठाकर ताके चाकर हैं॥

पाठान्तर—1. नमित।

जासु अनन्त सुगुण मणिगण, नित गणते मुनिजन थाक रहैं।
जा प्रभु पद नव केवल लब्धि सु, कमला को कमलाकर हैं॥
जाके ध्यान-कृपान राग-रुष, पास-हरन समताकर हैं।
'दौल' नमें कर जोर हरन भव-बाधा शिवराधाकर हैं॥

अर्थ–हे मोक्षरूपी स्त्री के स्वामी श्री महावीर भगवान ! आप अनन्त सुख के भण्डार हैं, आपकी जय हो। आप कर्मरूपी पर्वत को नष्ट करनेवाले, ज्ञानी जीवों के मन को प्रसन्न करनेवाले और भ्रमरूपी अन्धकार को नष्ट करनेवाले सूर्य हैं।

आपने गृहस्थ और मुनि के भेद से दो प्रकार के धर्म का जो उपदेश दिया है वह स्वर्ग के वैभव और मोक्षरूपी लक्ष्मी को प्राप्त करानेवाला है। आप भव्यजीवों के हृदय-कमल को प्रसन्न करनेवाले और संसार के ताप को दूर करनेवाले अनुपम चन्द्रमा हैं।

यद्यपि आप जगत से अत्यन्त विरागी रहते हैं, तथापि आप जगत के जीवों की रक्षा करनेवाले हैं। इन्द्र, नागेन्द्र, विद्याधर, चन्द्र जैसे जगत के स्वामी भी आपके सेवक हैं।

बड़े-बड़े मुनि भी आपके अनन्त गुणरूपी मणि-समुदाय को नित्य गिनते-गिनते थक गये हैं। आपके चरण नव केवललब्धियों[1] की लक्ष्मी के लिए समुद्र के समान हैं। आपके ध्यान की तलवार राग-द्वेष के बन्धन को काटकर समता उत्पन्न करनेवाली है।

कविवर दौलतराम कहते हैं कि हे महावीर भगवान ! आप संसार-दुख को दूर करनेवाले और मोक्षरूपी लक्ष्मी को प्रदान करनेवाले हैं। मैं हाथ जोड़कर आपको नमस्कार करता हूँ।

(24)

जय श्री वीर जिनवीर जिनचन्द, कलुष-निकन्द मुनिहृद सुखकन्द॥
सिद्धारथनन्द त्रिभुवन को दिनेन्द-चन्द, जा वच-किरन भ्रम-तिमिर-निकन्द।
जाके पद अरविन्द सेवत सुरेन्द्रवृन्द, जाके गुण रटत कटत भव-फन्द॥
जाकी शान्तमुद्रा निरखत हरखत रिषि, जाके अनुभवत लहत चिदानन्द।
जाके घातिकर्म विघटत प्रगटत भये, अनन्त दरश-बोध-वीरज-आनन्द॥

1. नव केवललब्धियों के लिए पृष्ठ 29 की पाद-टिप्पणी देखें।

लोकालोक-ज्ञाता पै स्वभावरत राता प्रभु, जग को कुशलदाता त्राता अद्वन्द।
जाकी महिमा अपार गणी न सके उचार, 'दौलत' नमत सुख चाहत अमन्द ॥

अर्थ–पापों को नष्ट करनेवाले और मुनियों के हृदय को अपार सुख देनेवाले श्री वीर जिनेन्द्र की जय हो, महावीर जिनेन्द्र की जय हो।

श्री महावीर जिनेन्द्र राजा सिद्धार्थ के पुत्र हैं और तीनों लोकों के लिए ऐसे सूर्य-चन्द्र हैं जिनकी वचनरूपी किरणें भ्रमरूपी अन्धकार को समाप्त कर देती हैं। इन्द्र-समुदाय भी उनके चरण-कमलों का सेवन करते हैं। उनके गुणों के जाप से संसार के बन्धन कट जाते हैं।

उनकी शान्त मुद्रा को देखकर ऋषिगण भी हर्षित होते हैं, तथा उनका अनुभव करने से चैतन्य के आनन्द की प्राप्ति होती है। उनके चार घातिया कर्म नष्ट हो गये हैं और अनन्त-दर्शन, अनन्त-ज्ञान, अनन्त-वीर्य एवं अनन्त-सुख प्रकट हो गये हैं।

वे सम्पूर्ण लोकालोक के ज्ञाता हैं, फिर भी अपने स्वभाव में पूर्णतया लीन हैं। वे जगत के प्राणियों को कुशलता प्रदान करनेवाले हैं और उनके सच्चे रक्षक हैं।

कविवर दौलतराम कहते हैं कि श्री महावीर जिनेन्द्र की महिमा अपार है, गणधर भी उसका उच्चारण नहीं कर पाते हैं; मैं अनन्त-सुख को चाहता हुआ उनको नमस्कार करता हूँ।

(25)

हमारी वीर हरो भवपीर।
मैं भवदुखित[1] दयामृत-सर तुम, लखि आयो तुम तीर।
तुम परमेश मोखमग-दर्शक, मोह-दवानल नीर ॥
तुम बिनहेत जगत-उपकारी, शुद्ध चिदानन्द धीर।
गनपति-ज्ञान-समुद्र न लंघे, तुम गुनसिन्धु गहीर ॥
याद नहीं मैं विपति सही जो, धर-धर अमित शरीर।
तुम गुनचिन्तत नशत तथा भय, ज्यों घन चलत समीर ॥

पाठान्तर–1. दुखतपित।

कोटि बार की अरज यही है, मैं दुख सहूँ अधीर।
हरहु वेदना फन्द 'दौल' की, कतर कर्म-जंजीर॥

अर्थ–हे महावीर भगवान ! मेरे संसार-दुःख को दूर कीजिए।

हे स्वामी ! मैं इस संसार में बहुत दुःखी हूँ और यह जानकर आपके पास आया हूँ कि आप दयारूपी अमृत के सरोवर हैं। हे स्वामी ! आप परमेश्वर हैं, मोक्षमार्ग को दिखानेवाले हैं और मोहरूपी भयंकर अग्नि के लिए जल हैं।

हे प्रभो ! आप अहेतुक रूप से संसार का उपकार करनेवाले हैं, शुद्ध हैं, चिदानन्दमयी हैं और धैर्यवान हैं। गणधर भी आपके ज्ञानरूपी समुद्र का पार नहीं पा सकते हैं, आपका गुणरूपी सागर बहुत गहरा है।

हे भगवन् ! इस संसार में अनन्त शरीर धारण कर-करके मैंने जो अपार दुःख भोगा है उसकी आज मुझे याद नहीं है, किन्तु अब उस सबका भय आपके गुणों का चिन्तवन करने से उसी प्रकार नष्ट हो गया है, जिस प्रकार कि तेज हवा चलने से बादल नष्ट हो जाते हैं।

कविवर दौलतराम कहते हैं कि हे प्रभो ! मैं यहाँ दुःख सहता हुआ बहुत बेचैन हो चुका हूँ और आपसे कोटिशः प्रार्थना करता हूँ कि आप मेरी इस वेदना को दूर कीजिए, मेरी कर्म-बेड़ी को काट डालिए।

(26)

सब मिल देखो हेली म्हारी हे, त्रिशला-बाल वदन रसाल॥
आये जुत समवसरन कृपाल, विचरत अभय व्याल-मराल।
फलित भई सकल तरु-माल॥
नैन न हाल भृकुटी न चाल, बैन विदारै विभ्रम-जाल।
छवि लखि होत सन्त निहाल॥
वन्दन काज साज समाज, संग लिये स्वजन-पुरजन ब्राज।
श्रेणिक चलत है नरपाल॥
यों कहि मोदयुत पुरवाल, लखन चालीं चरम जिनपाल।
'दौलत' नमत कर[1] धर भाल॥

पाठान्तर–1. धर।

अर्थ–हे मेरी सहेलियो ! आओ, सब मिलकर त्रिशला माता के पुत्र के सुन्दर मुख को देखें।

त्रिशला माता के पुत्र (श्री महावीर भगवान) बड़े कृपालु हैं। वे आज समवसरण-सहित यहाँ पधारे हैं और उनके निकट साँप एवं हाथी आदि पशु भी निर्भयतापूर्वक विचरण कर रहे हैं। उनके आगमन से सभी ऋतुओं के वृक्ष भी फलीभूत हो गये हैं।

उनके नेत्र हिलते नहीं हैं। उनकी भौंहें भी चंचल नहीं होती हैं। उनके वचन भ्रमरूपी जाल को काट फेंकते हैं और सन्त पुरुष उनकी मुद्रा को देखकर निहाल हो जाते हैं।

भगवान की वन्दना के लिए राजा श्रेणिक अपने समस्त स्वजनों, नगरजनों एवं स्त्रियों के समूह को साथ लेकर चल रहा है।

कविवर दौलतराम कहते हैं कि नगर की स्त्रियाँ इस प्रकार की बातें करती हुई हर्षित होकर अन्तिम तीर्थंकर को देखने चल दीं। मैं भी हाथ जोड़कर, मस्तक झुकाकर उनको नमस्कार करता हूँ।

(27)

जिनवर-आनन-भान निहारत, भ्रम-तम घान नशाया है।
वचन-किरन प्रसरन तें भविजन, मन-सरोज सरसाया है।
भवदुख-कारण सुख-विस्तारण, कुपथ-सुपथ दरसाया है॥
विनसाई कज जल सरसाई, निशिचर समर[1] दुराया है।
तस्कर प्रबल कषाय पलाये, जिन धन बोध चुराया है॥
लखियत उडु न कुभाव कहूँ अब, मोह-उलूक लजाया है।
हंस-कोक को शोक नस्यो निज, परिणति-चकवी पाया है॥
कर्म-बन्ध-कजकोष बँधे चिर, भवि-अलि मुंचन पाया है।
'दौल' उजास निजातम अनुभव, उर-जग-अन्तर छाया है॥

अर्थ–अहो, आज जिनेन्द्र भगवान के मुखरूपी सूर्य को देखने से मेरा भ्रमरूपी घना अन्धकार नष्ट हो गया है।

जिनेन्द्र भगवान के मुखरूपी सूर्य से जो वचनरूपी किरणें फैल रही हैं उनसे

1. स्मर, कामदेव।

भव्यजीवों के मनरूपी कमल प्रफुल्लित हो गये हैं और यह भलीभाँति दिखाई देने लगा है कि क्या तो संसार-दुःखों का कारणभूत कुमार्ग है और क्या सच्चा सुख प्रदान करनेवाला सन्मार्ग है।

जिनेन्द्र भगवान के मुखरूपी सूर्य को देखने से काई नष्ट हो गयी है, जल निर्मल हो गया है, कामदेवरूपी राक्षस भाग गया है और वे कषायरूपी प्रबल तस्कर भी भाग गये हैं जिन्होंने हमारा ज्ञानरूपी धन चुरा रखा था।

मिथ्याभावरूपी तारे अब कहीं नहीं दिखाई देते। मोहरूपी उल्लू भी लज्जित हो गया है। आत्मारूपी चकवे का वियोग-दुःख नष्ट हो गया है, क्योंकि उसने अपनी परिणतिरूपी चकवी को प्राप्त कर लिया है।

कर्मबन्धरूपी कमलों के समूह में चिकराल से बँधे हुए भव्यजीवरूपी भ्रमर मुक्त हो गये हैं।

कविवर दौलतराम कहते हैं कि जिनेन्द्र भगवान के मुखरूपी सूर्य को देखने से मेरे हृदय-जगत में आत्मानुभव का प्रकाश छा गया है।

(28)

निरखत जिनचन्द्र-वदन, स्व-पद-सुरुचि[1] आई ॥
प्रगटी निज आन की, पिछान ज्ञान-भान की,
कला उद्योत होत काम-यामिनी पलाई ॥
सास्वत आनन्द-स्वाद, पायो विनस्यो विसाद,
आन में अनिष्ट इष्ट कल्पना नसाई ॥
साधी निज साधकी, समाधि मोहव्याधि की,
उपाधि को विराधि कें आराधना सुहाई ॥
धन दिन छिन आज सुगुन, चिन्ते जिनराज अबै,
सुधरे सब काज 'दौल' अचल रिद्धि[2] पाई ॥

अर्थ–अहो ! आज मुझे जिनेन्द्र भगवान के मुखरूपी चन्द्रमा को देखकर अपने पद की सच्ची रुचि जागृत हो गयी है।

जिनेन्द्र भगवान के मुख को देखने से आज मुझे स्व और पर की पहचान

पाठान्तर–1. स्व-पर-सुरुचि। अर्थात् स्व और पर का सच्चा ज्ञान। 2. सिद्धि।

प्रकट हो गई है, मेरे अन्दर ज्ञानरूपी सूर्य की कलाओं का प्रकाश हो गया है, और कामरूपी रात्रि भाग गयी है।

जिनेन्द्र भगवान के दर्शन से आज मुझे शाश्वत आनन्द का स्वाद प्राप्त हुआ है और मेरा सम्पूर्ण दुःख नष्ट हो गया है; तथा आज मेरी अन्य पदार्थों में इष्टानिष्ट की कल्पना भी नष्ट हो गयी है।

जिनेन्द्र भगवान के दर्शन से आज मुझे आत्मसाधना की हेतुभूत समाधि की सिद्धि हुई है, मेरी मोहरूपी व्याधि का विनाश हुआ है और मुझे सर्व उपाधि की त्यागरूप आराधना अच्छी लगने लगी है।

कविवर दौलतराम कहते हैं कि अहो, आज का यह दिन और यह क्षण बहुत धन्य है जो कि इस समय मैंने जिनराज के उत्तम गुणों का चिन्तवन किया। इससे मुझे आज ऐसी अचल ऋद्धि प्राप्त हो गयी है कि मेरे समस्त कार्य सिद्ध हो गये हैं—मैं कृतकृत्य हो गया हूँ।

(29)

ध्यान-कृपान पानि गहि नासी, त्रेसठ प्रकृति अरी।
शेष पचासी लाग रही हैं, ज्यों जेवरी जरी॥
दुठ अनंग-मातंग भंग कर, है प्रबलंग हरी।
जा पद भक्ति भक्तजन दुःख-दावानल मेघ-झरी॥
नवल धवल पल सोहै कल में, क्षुध-तृष व्याधि टरी।
हलत न पलक अलक-नख बढ़त न, गति नभ माहिं करी॥
जा बिन शरण मरण-जर धर-धर, महा असात भरी।
'दौल' तास पद दास होत है, वास मुक्ति नगरी॥

अर्थ—श्री अरिहन्तदेव ने ध्यानरूपी तलवार को अपने हाथ में लेकर कर्मशत्रु की (148 प्रकृतियों में से) 63 प्रकृतियों को तो पूर्णतः नष्ट कर दिया है और शेष 85 प्रकृतियाँ जो अभी उनके साथ लग रही हैं उनको भी इतना निर्बल कर दिया है, जैसे कोई जली हुई रस्सी हो।

वे कामदेवरूपी दुष्ट हाथी को नष्ट करने के लिए शक्तिशाली सिंह के समान हैं। उनके चरणों की भक्ति भक्तों के दुःखरूपी दावानल को शान्त करने के लिए शीतल जलवर्षा के समान है।

उन अरिहन्तदेव के शरीर में स्वच्छ और सफेद रुधिर-मांस रहता है। उनकी

भूख-प्यास आदि व्याधियाँ दूर हो गयी हैं। उनकी पलकें भी नहीं हिलती हैं। उनके केश और नख भी नहीं बढ़ते हैं और वे आकाश में गमन करते हैं।

कविवर दौलतराम कहते हैं कि अब मैं, जिनकी शरण लिए बिना मैंने अनादिकाल से आज तक जन्म-जरा-मरण कर-करके बहुत दुःख सहन किये हैं, उन श्री अरिहन्तदेव के चरणों का दास होता हूँ ताकि शीघ्र मोक्षनगरी में निवास हो।

(30)

भविन-सरोरुह सूर, भूरि गुण पूरित अरहन्ता।
दुरित दोष मोखपथ-घोषक, करन कर्म अन्ता॥
दर्श-बोधतें युगपत लख, जाने जु भावऽनन्ता।
विगताकुल जुत सुख अनन्त बिनअन्त शक्तिवन्ता॥
जा तन जोत उदोत थकी रवि-शशि-दुति लाजन्ता।
तेज थोक अवलोक लगत है, फोक शचीकन्ता॥
जास अनूप रूप को निरखत, हरखत हैं सन्ता।
जाकी धुनि सुनि, मुनि निज गुन मुन, परगर उगलन्ता॥
'दौल' तौल बिन जस तस, बरनत सुरगुरु अकुलन्ता।
नामाक्षर सुन कान स्वान-से राँक नाक गन्ता॥

अर्थ–श्री अरिहन्तदेव भव्यजीवरूपी कमलों के लिए सूर्य के समान हैं और अनन्त गुणों से भरपूर हैं। वे समस्त दोषों को दूर करनेवाले, मोक्षमार्ग की घोषणा करनेवाले और समस्त कर्मों का अन्त करनेवाले हैं।

वे अपने अनन्तदर्शन और अनन्तज्ञान के द्वारा अनन्त पदार्थों को युगपत् देखते और जानते हैं। वे आकुलता-रहित अनन्तसुख व अनन्तशक्ति से भी सहित हैं।

उनके शरीर की ज्योति के समक्ष सूर्य और चन्द्रमा का प्रकाश भी लज्जित हो जाता है। उनके शरीर के तेज को देखकर इन्द्र भी फीका प्रतीत होता है।

उनके अनुपम रूप को देखकर सन्तजन हर्षित हो जाते हैं। उनकी दिव्यध्वनि सुनकर तो वे अपने आत्मिक गुणों का ऐसा मनन करते हैं कि सारा विषय-कषायरूपी विष उगल देते हैं।

कविवर दौलतराम कहते हैं कि अरिहन्तदेव का यश अतुलनीय है। उसका

वर्णन करने में देवताओं के गुण भी समर्थ नहीं हैं। कुत्ते जैसे प्राणी को भी उनके नाम-अक्षरों को सुनकर स्वर्ग की प्राप्ति हो गयी थी।

(31)

अरि-रज-रहस हनन प्रभु अरहन, जयवन्तो जग में।
देव अदेव सेव कर जाकी, धरहिं मौलि पग में॥
जा तन अष्टोत्तर सहस्र लक्षण, लखि कलिल शमें।
जा वच-दीप-शिखा तें भवि[1], विचरें शिव-मारग में॥
जास पासतें शोकहरन गुन, प्रगट भयौ नग[2] में।
ब्याल-मराल कुरंग-सिंघ को, जाति-विरोध गमें॥
जा जस-गगन उलंघन कोई, क्षम न मुनी-खग में।
'दौल' नाम तस सुरतरु है या, भव-मरुथल-मग में॥

अर्थ–अरि, रज और रहस्य[3] का नाश करने वाले हे अरिहन्तदेव ! आपकी जगत में सदा जय हो। सभी सुर और असुर आपकी सेवा करते हुए आपके चरणों में अपना मस्तक झुकाते हैं।

हे अरिहन्तदेव ! आपके शरीर में एक हजार आठ शुभ लक्षण[4] विद्यमान हैं जिनको देखकर पाप शान्त हो जाते हैं। आपकी वचनरूपी दीपशिखा से भव्य जीव मोक्षमार्ग को पाकर उसमें विचरण करते हैं।

हे देव ! आपके सान्निध्य से वृक्ष में भी शोकहरण नाम का गुण प्रकट हो गया है (तभी तो उसका नाम 'अशोक' है)। हे प्रभो ! आपके सान्निध्य से सर्प-हंस एवं मृग-सिंह जैसे जातिविरोधी जीवों का भी बैर नष्ट हो जाता है।

कविवर दौलतराम कहते हैं कि जिनके यशरूपी गगन का उल्लंघन करने में कोई मुनि और विद्याधर भी समर्थ नहीं हैं, उन अरिहन्तदेव का नाम इस संसाररूपी मरुस्थल के मार्ग में कल्पवृक्ष के समान है।

पाठान्तर–1. मुनि।

2. जो गमन न करे अर्थात् पहाड़, वृक्ष आदि। यहाँ 'नग' का अर्थ है वृक्ष।

3. अरि, रज और रहस्य का अर्थ जानने के लिए पृष्ठ 28 की टिप्पणी देखें।

4. जैन-शास्त्रों के अनुसार तीर्थंकरों के शरीर में श्रीवृक्ष, शंख, कमल, स्वस्तिक, अंकुश, तोरण, चमर, श्वेत छत्र, सिंहासन, पताका, आदि 108 लक्षण और मसूरिका आदि 900 व्यंजन–इसप्रकार कुल 1008 शुभ लक्षण पाये जाते हैं। देखिए–आचार्य जिनसेन कृत 'महापुराण', सर्ग 15, श्लोक 37 से 44.

(32)

उरग सुरग नर ईश शीश जिस, आतपत्र त्रि धरे।
कुन्द-कुसुम सम चमर अमरगण, ढोरत मोद भरे॥
तरु अशोक जाको अवलोकत, शोक थोक उजरे।
पारिजात सन्तानकादि के, बरसत सुमन वरे॥
सुमणि विचित्र पीठ अम्बुज पर, राजत जिन सु थिरे।
वर्ण विगत जाकी धुनि सुनि के, भवि भव-सिन्धु तरे॥
साढ़े बारह कोड़ जाति के, बाजत तूर्य खरे।
भामण्डल की दुति अखण्ड ने, रवि-शशि मन्द करे॥
ज्ञान अनन्त अनन्त दर्श-बल, शर्म अनन्त भरे।
करुणामृत पूरित पद जाके, 'दौलत' हृदय धरे॥

अर्थ–कविवर दौलतराम कहते हैं कि जिनके मस्तक पर नागेन्द्र, सुरेन्द्र और नरेन्द्र तीन छत्र धारण करते हैं, देवसमूह हर्षित होकर कुन्द-पुष्प के समान चँवर ढोरते हैं, जिनको देखकर अशोक वृक्ष भी अपने सर्वशोक का त्याग कर देता है, जिनके ऊपर पारिजात, सन्तानक आदि स्वर्गीय पुष्पों की वर्षा होती है, जो सुन्दर मणि के अद्‌भुत कमलासन पर भली प्रकार स्थिर होकर विराजमान रहते हैं, जिनकी निरक्षरी ध्वनि सुनकर भव्यजीव संसार-सागर को पार करते हैं, जिनके समवसरण में साढ़े बारह करोड़ प्रकार के बाजे बजते हैं, जिनके भामण्डल की अखण्ड ज्योति ने सूर्य और चन्द्रमा को भी फीका कर दिया है और जो अनन्त-दर्शन, अनन्तज्ञान, अनन्तवीर्य एवं अनन्तसुख से भरपूर हैं, उनके करुणारूपी अमृत से भरपूर चरणों को मैं अपने हृदय में धारण करता हूँ।

(33)

मैं हरख्यो, निरख्यो मुख तेरो।
नाशा-न्यस्त नयन भ्रू हिलय न, बयन निवारन मोह-अँधेरो॥
पर में कर मैं निजबुधि अबलों, भव-सर में दुःख सह्यो घनेरो।
सो दुख भानन स्व-पर पिछानन, तुम बिन आन न कारन हेरो॥
चाह भई शिवराह-लाह की, गयो उछाह असंजम केरो।
'दौलत' हित विराग चित आन्यो, जान्यो रूप ज्ञान-दृग मेरो॥

अर्थ–हे जिनेन्द्रदेव ! मैं आपका मुख देखकर बहुत हर्षित हुआ हूँ।

हे देव ! आपके नेत्र नासिका पर टिके हुए हैं, आपकी भौंहें हिलती नहीं हैं और आपके वचन मोहरूपी अन्धकार को दूर करनेवाले हैं।

हे जिनेन्द्रदेव ! मैंने आज तक पर में निजबुद्धि करके बहुत अधिक दुःख सहन किये हैं। उन दुःखों को नष्ट करने का उपाय स्व-पर-भेदविज्ञान है और उस भेदविज्ञान के कारण एकमात्र आप हैं, आपके अतिरिक्त और कोई नहीं–यह मैं अच्छी तरह खोजकर कहता हूँ।

कविवर दौलतराम कहते हैं कि हे जिनेन्द्रदेव ! आपके दर्शन से मुझे मोक्षमार्ग को प्राप्त करने की इच्छा जाग्रत हुई है, मेरा असंयम का उत्साह समाप्त हो गया है और कल्याणकारी वैराग्यभाव मेरे हृदय में उत्पन्न हुआ है, क्योंकि मैंने यह जान लिया है कि मेरा स्वरूप तो ज्ञान-दर्शन ही है।

(34)

मैं आयो जिन शरण तिहारी।
मैं चिरदुखी विभाव-भाव तें, स्वाभाविक निधि आप बिसारी॥
रूप निहार धार तुम गुन सुन, वैन होत भवि शिवमगचारी।
यों मम कारज के कारन तुम, तुमरी सेव एव[1] उर धारी॥
मिल्यो अनन्त जन्म में अवसर, अब विनऊँ हे भवसर-तारी।
पर में इष्ट-अनिष्ट कल्पना, 'दौल' कहै झट मेट हमारी॥

अर्थ–हे जिनेन्द्रदेव ! मैं आपकी शरण में आया हूँ।

हे देव ! मैं अनादिकाल से अपने विभाव-भावों से दुःखी हो रहा हूँ और अपनी स्वाभाविक सम्पत्ति को भूल गया हूँ। आपका रूप देखकर, आपके गुणों को अपने में धारण कर अथवा आपके वचन सुनकर भव्यजीव मोक्षमार्गी हो जाते हैं। इस तरह आप मेरे कार्य के कारण हैं, अतः मैंने अपने हृदय में आपकी ही सेवा अंगीकार कर ली है।

कविवर दौलतराम कहते हैं कि हे संसार-सागर से तारनेवाले जिनेन्द्रदेव ! मुझे अनन्त जन्मों के बाद यह अवसर मिला है। मैं आपसे विनयपूर्वक प्रार्थना करता हूँ कि आप मेरी परपदार्थों में इष्टानिष्ट की कल्पना को शीघ्र मिटा दीजिए।

पाठान्तर–1. एक।

त्रिभुवन आनँदकारी, जिन छवि थारी, नैन-निहारी ॥
ज्ञान अपूरब उदय भयो अब, या दिन की बलिहारी।
मो उर मोद बढ़ो जु नाथ ! सो, कथा न जात उचारी ॥
सुन घन-घोर मोर-मुद ओर न, ज्यों निधि पाय भिखारी।
जाहि लखत झट झड़ित मोह-रज, होय सो भवि अविकारी ॥
जाकी सुन्दरता सु पुरन्दर, शोभ लजावन हारी।
निज-अनुभूति सुधारस पुलकित, वदन मदन-रिपु[2] हारी ॥
शूल-दुकूल न ब्याल-माल[3] पुनि, मुनि-मन-मोद प्रसारी।
अरुण न नयन भ्रमें नहिं सैन न, लंक न बंक सम्हारी ॥
तातें विधि-विभाव क्रोधादि न, लखियत हे जगतारी।
पूजत पातिक-पुंज पलावत, ध्यावत शिव-विस्तारी ॥
कामधेनु सुरतरु चिन्तामणि, इक भव सुख करतारी।
तुम छवि लखत मोदतें जो सुर, तस[4] तुम-पद करतारी[5] ॥
महिमा कहत न लहत पार सुरगुरु हू की बुधि हारी।
वारि[6] कहैं किम 'दौल' चहैं इम, देहु दशा तुम धारी ॥

अर्थ–हे जिनेन्द्रदेव ! आज मैंने आपकी तीनों लोकों को आनन्दित करनेवाली मुद्रा को अपनी आँखों से देखा है।

हे नाथ ! आज का यह दिन बहुत अच्छा है। मैं इसकी बारम्बार बलिहारी जाता हूँ कि आज मुझमें अपूर्व ज्ञान का उदय हुआ है। हे स्वामी ! आज मेरे हृदय में ऐसा आनन्द उत्पन्न हुआ है, जिसे वचनों से नहीं कहा जा सकता।

हे प्रभो ! जिस प्रकार मेघगर्जना सुनकर मोर के हर्ष का कोई पार नहीं रहता या धन का भण्डार पाकर भिखारी के हर्ष का कोई पार नहीं रहता, उसी प्रकार आज आपके दर्शन करके मेरे हर्ष का कोई पार नहीं रहा है। आपके दर्शन से मेरा मोहकर्म शीघ्र झड़ गया है और निर्मलता प्राप्त हो गयी है।

हे जिनेन्द्रदेव ! आपकी सुन्दरता इन्द्र की शोभा को भी लज्जित करनेवाली है। आपका आत्मानुभूतिरूपी अमृत से प्रफुल्लित मुख कामदेवरूपी शत्रु को परास्त कर देनेवाला है।

पाठान्तर–1. एक। 2. अरि। 3. बाला माला। आगे 'पुनि' शब्द भी नहीं है। 4. सो।
5. दातारी। 6. और।

हे देव ! आपके पास न कोई त्रिशूल आदि अस्त्र हैं, न कोई वस्त्र हैं और न कोई सर्प-माला आदि हैं, अपितु आप मुनियों के मन के आनन्द को बढ़ानेवाले हैं। आपके नेत्रों में कोई लालिमा नहीं है, कोई चंचलता नहीं है और कोई संकेतादि भी नहीं है। आपके कटिभाग में भी किसी प्रकार की कोई वक्रता नहीं है।

हे जगत को तारनेवाले ! आपमें कर्मजनित क्रोधाग्नि भाव भी नहीं दिखाई देते हैं। हे प्रभो ! आपको पूजने से पाप के समूह भाग जाते हैं और आपका ध्यान करने से मोक्ष की प्राप्ति होती है।

हे प्रभो ! कामधेनु, कल्पवृक्ष और चिन्तामणि—ये सब तो एक ही जन्म में सुख देते हैं, किन्तु आपकी छवि तो प्रसन्नतापूर्वक देखनेवाले को आपके ही समान पद को दे देती है।

कविवर दौलतराम कहते हैं कि हे प्रभो ! आपकी महिमा का कथन करने में तो देवताओं के गुरु भी पार नहीं पा सकते, उनकी भी बुद्धि हार जाती है, तब फिर मैं आपकी महिमा का कथन कैसे कर सकता हूँ ? हे प्रभो ! मैं तो आप पर बलिहारी जाता हूँ और चाहता हूँ कि मुझे भी वही दशा दीजिए, जिसे आपने प्राप्त किया है।

(36)

हे जिन ! तेरो सुयश उजागर, गावत[1] हैं मुनिजन ज्ञानी।
दुर्जय मोह महाभट जानें, निजवश कीने जगप्रानी।
सो तुम ध्यान-कृपान पानि गहि, ततछिन ताकी थिति भानी॥
सुप्त अनादि अविद्या निद्रा, जिन जन निज सुधि विसरानी।
ह्वै सचेत तिन निजनिधि पाई, श्रवन सुनी जब तुम वानी॥
मंगलमय तू जग में उत्तम, तुही शरण शिवमगदानी।
तुम पद सेवा परम औषधी, जन्म-जरा-मृत-गद हानी॥
तुमरे पंच कल्याणक माहीं, त्रिभुवन मोद दशा ठानी।
विष्णु विदम्बर जिष्णु दिगम्बर, मुनि शिव कह ध्यावत ध्यानी॥
सर्व द्रव्य गुण पर्यय परिणति, तुम सुबोध में नहिं छानी।
तातें 'दौल' दास उर आशा, प्रगट करो निजरस-सानी॥

पाठान्तर—1. जानत।

अर्थ–हे जिनेन्द्रदेव ! आपके उज्ज्वल यश को महाज्ञानी मुनिराज भी इस प्रकार गाते हैं कि हे जिनेन्द्रदेव ! जो दुर्जेय है, जिसे जीतना बहुत मुश्किल है–ऐसे मोहरूपी महायोद्धा ने जगत के समस्त प्राणियों को अपने अधीन कर रखा है, किन्तु उसे आपने ध्यानरूपी कृपाण हाथ में लेकर तुरन्त नष्ट कर दिया है। हे देव ! जो जीव अनादि-अज्ञान की नींद में सोये हुए थे और अपने स्वरूप को भूले हुए थे, उन्होंने जब कानों से आपकी वाणी सुनी तो जाग्रत होकर अपनी सम्पत्ति को प्राप्त कर लिया। हे मोक्षमार्ग-प्रदाता जिनेन्द्रदेव ! इस जगत में एक आप ही मंगलमय हैं, आप ही उत्तम हैं और आप ही शरण हैं। आपके चरणों की सेवा ही जन्म-जरा-मृत्युरूपी रोग को नष्ट करने के लिए परम औषधि है। हे देव ! आपके पंचकल्याणकों में तीनों लोकों में आनन्द छा जाता है और बड़े-बड़े ध्यानी लोग आपको विष्णु (ज्ञान की अपेक्षा सर्वव्यापक), विदांवर (श्रेष्ठ ज्ञानी), जिष्णु (विजयी), दिगम्बर, बुद्ध (केवलज्ञानी), शिव (परमकल्याण को प्राप्त) आदि अनेक नामों से ध्याते हैं।

कविवर दौलतराम कहते हैं कि हे जिनेन्द्रदेव ! आपके ज्ञान में समस्त द्रव्य-गुण-पर्याय की बात झलक रही है, कुछ भी गुप्त नहीं है; अतः आप मुझ सेवक की निजरस में समा जाने की हार्दिक अभिलाषा को शीघ्र पूरी कीजिए।

(37)

हे जिन ! मेरी ऐसी बुधि कीजे।
राग-द्वेष-दावानल तें बचि, समता-रस में भीजे॥
पर में त्याग अपनपो, निज में लाग न कबहू छीजे।
कर्म-कर्मफल माहिं न राचे, ज्ञान-सुधारस पीजे॥
सम्यक दर्शन-ज्ञान-चरन-निधि, ताकी प्राप्ति करीजे।
मुझ कारज के तुम कारन वर, अरज 'दौल' की लीजे॥

अर्थ–हे जिनेन्द्र भगवान ! मेरी बुद्धि इस प्रकार की कीजिए कि वह राग-द्वेष रूपी भयंकर अग्नि से बचकर समतारूपी रस में भीगी रहे, पर में अपनत्व त्यागकर निज में ऐसी लग जाए कि फिर वहाँ से कभी नहीं हटे, कर्म और कर्म के फल में कभी मग्न न हो और सदा ज्ञानरूपी अमृतरस ही पीती रहे तथा सम्यग्दर्शन-ज्ञान-चारित्ररूपी सच्चे वैभव की प्राप्ति कर ले।

कविवर दौलतराम कहते हैं कि हे जिनेन्द्रदेव ! मेरे कार्य के आप ही श्रेष्ठ कारण हैं, अतः मेरी उपर्युक्त विनती स्वीकार कीजिए।

(38)

निरख सुख पायो जिनमुख-चन्द।
मोह महातम नाश भयो है, उर-अम्बुज प्रफुलायो।
ताप नस्यो तब बढ़्यो उदधि आनन्द॥
चकवी कुमति बिछुरि अति बिलखे, आतमसुधा स्रवायो।
शिथिल भये सब विधिगण-फन्द॥
विकट भवोदधि को तट निकट्यो, अघतरु-मूल नसायो।
'दौल' लह्यो अब सुपद स्वछन्द॥

अर्थ–अहो ! जिनेन्द्र भगवान के मुखरूपी चन्द्रमा को देखकर मैंने सच्चा सुख प्राप्त कर लिया है।

जिनेन्द्र भगवान के मुखरूपी चन्द्रमा को देखने से मेरा मोहरूपी महा अन्धकार नष्ट हो गया है, हृदयरूपी कमल प्रफुल्लित हो गया है, ताप (दुःख) मिट गया है और फिर आनन्द का सागर उमड़ पड़ा है।

जिनेन्द्र भगवान के मुखरूपी चन्द्रमा को देखकर कुबुद्धिरूपी चकवी अलग होकर भारी विलाप कर रही है। आत्म-अमृत बरसने लगा है और समस्त कर्मसमूह के बन्ध शिथिल हो गये हैं।

कविवर दौलतराम कहते हैं कि जिनेन्द्र भगवान के मुखरूपी चन्द्रमा को देखकर दुस्तर संसार-समुद्र का किनारा निकट आ गया है, पापरूपी वृक्ष का मूल नष्ट हो गया है और मुझे अपने स्वाधीन पद की प्राप्ति हो गयी है।

(39)

हे जिन ! तेरे मैं शरणे आया।
तुम हो परम दयाल जगतगुरु, मैं भव-भव दुख पाया॥
मोह महादुठ घेर रह्यो मोहि, भव-कानन भटकाया।
नित निज ज्ञान-चरन-निधि विसर्यो, तन-धन कर अपनाया॥
निजानन्द-अनुभव-पीयूष तज, विषय-हलाहल खाया।
मेरी भूल मूल दुखदाई, निमित मोहविधि थाया॥
सो दुठ होत शिथिल तुमरे ढिंग, और न हेतु लखाया।
शिवस्वरूप शिवमगदर्शक तुम, सुयश मुनीगण गाया॥

तुम हो सहज निमित जगहित के, मो उर निश्चय भाया।
भिन्न होहुँ विधितें सो कीजे, 'दौल' तुम्हें शिर नाया॥

अर्थ–हे जिनेन्द्रदेव ! मैं आपकी शरण में आया हूँ। आप परमदयालु हैं, जगतगुरु हैं। हे प्रभो ! मैंने यहाँ जन्म-जन्मों में बहुत दुःख भोगा है।

मुझे मोहरूपी महादुष्ट ने घेर रखा है, मैं संसाररूपी वन में भटक गया हूँ और अपनी ज्ञान-चारित्ररूपी निधि को भूल गया हूँ तथा मैंने तन-धन को ही निजरूप में अपना रखा है।

मैंने आज तक निजानन्द के अनुभवरूपी अमृत को छोड़कर विषयरूपी विष का ही भक्षण किया है और वस्तुतः मेरा यह अज्ञान ही मुझे दुःख देनेवाला है, मोहकर्म तो उसका निमित्त है।

हे जिनेन्द्रदेव ! दुःख का निमित्त ऐसा यह दुष्ट मोहकर्म आपके पास ही शिथिल पड़ता है। उसके शिथिल होने का आपके अतिरिक्त और कोई हेतु नहीं दिखाई देता।

आप मोक्षस्वरूप हैं–कल्याणस्वरूप हैं, मोक्षमार्ग को दिखानेवाले हैं तथा मुनिसंघ भी आपके उज्ज्वल यश को गाते हैं।

कविवर दौलतराम कहते हैं कि हे जिनेन्द्रदेव ! आप जगत के कल्याण के सहज निमित्त हैं–यह बात मेरे हृदय में भलीभाँति बैठ गयी है; अतः अब आप ऐसा कीजिए, जिससे मैं कर्मों से मुक्त हो जाऊँ। मैं आपको सिर झुकाकर प्रणाम करता हूँ।

(40)

जिन छवि लखत यह बुधि भई।
मैं न देह चिदंकमय तन, जड़ फरस-रसमयी॥
अशुभ-शुभ फल कर्म दुख-सुख में, पृथकता सब गई।
राग-द्वेष विभाव चालित, ज्ञानता थिर थई॥
परिगहन आकुलता दहन, विनसि शमता[1] लई।
'दौल' पूरव-अलभ आनँद, लह्यो भव-थिति जई॥

अर्थ–अहो ! जिनेन्द्रदेव की छवि देखकर अब मेरी मान्यता यह हो गयी है

पाठान्तर–1. प्रशमता।

कि मैं शरीर नहीं हूँ, अपितु चैतन्यचिह्नवाला हूँ। शरीर तो जड़ है और स्पर्श-रसादिवाला है।

जिनेन्द्रदेव की छवि देखकर मुझे शुभ-अशुभ कर्म के फलरूप सुख-दुःख में पृथकृत्व बुद्धि हो गयी है और यह भी समझ में आ गया है कि राग-द्वेष के भाव तो विभाव हैं और चंचल हैं, मात्र एक ज्ञानस्वभाव ही स्थिर है; अतः ज्ञानस्वभाव में स्थिरता हो गयी है। आज मेरी पर को ग्रहण करने सम्बन्धी आकुलता की अग्नि बुझ गयी है और मेरे हृदय में शान्ति छा गयी है।

कविवर दौलतराम कहते हैं कि जिनेन्द्रदेव की छवि देखकर आज मैंने वह आनन्द प्राप्त किया है जिसे मैंने आज के पहले कभी प्राप्त नहीं किया था। आज मैंने संसार की स्थिति को जीत लिया है।

(41)

जिन छवि तेरी यह धन जग-तारन।
मूल न फूल दुकूल त्रिशूल न, सम-दम कारन भ्रम-तम वारन॥
जाकी प्रभुता की महिमा तें, सुरनधीसता लागत सार न।
अवलोकत भविथोक मोखमग, चरत करत निजनिधि उर धारन[1]॥
जजत भजत अघ तो को अचरज, समकित पावन भावन कारन।
तास सेवफल एव चहत नित, 'दौलत' ताके सुगुन उचारन॥

अर्थ–हे जिनेन्द्रदेव ! आपकी यह मुद्रा धन्य है, संसार-सागर से भव्य जीवों को पार उतारनेवाली है। आपकी इस मुद्रा पर न कोई मूल है, न फूल है, न दुकूल (वस्त्र) है और न ही कोई त्रिशूल आदि है। आपकी मुद्रा भ्रमरूपी अन्धकार को दूर करके समभाव और संयम-तपादि को उत्पन्न करनेवाली है।

आपकी मुद्रा ऐसी महिमावन्त है कि उसके आगे इन्द्रपना भी अच्छा नहीं लगता है। आपकी मुद्रा को देखकर भव्यजीवों के समूह मोक्षमार्ग में विचरण करते हैं और अपने आत्मवैभव को हृदय में धारण करते हैं।

हे जिनेन्द्र ! आपकी पूजा से यदि पाप भाग जाते हैं तो इसमें क्या आश्चर्य है ? आपकी तो मुद्रा ही सम्यक्त्वादि पवित्र भावों को उत्पन्न करनेवाली है।

कविवर दौलतराम कहते हैं कि मैं सदैव जिनेन्द्र-मुद्रा के सुगुणों का उच्चारण करता हुआ उसकी सेवा का ही फल चाहता हूँ।

पाठान्तर–1. चरत करत निधि उर रज-झारन।

(42)

दीठा भागन से[1] जिनपाला, मोह नाशने वाला।
सुभग निशंक राग-बिन यातें, वसन न आयुध बाला॥
जास ज्ञान में युगपत भासत, सकल पदारथमाला।
निज में लीन हीन-इच्छा पर, हित-मित वचन रसाला॥
लखि जाकी छवि आतमनिधि लहि[2], पावत होत निहाला।
'दौल' जास गुण चिन्तत रत है, निकट विकट भवनाला॥

अर्थ–अहो ! आज मुझे बड़े भाग्य से मोह को नष्ट करनेवाले जिनेन्द्र भगवान के दर्शन हुए हैं।

ये जिनेन्द्र भगवान सुन्दर हैं, निःशंक हैं और वीतरागी हैं, अतः इनके पास न वस्त्र हैं, न अस्त्र हैं और न स्त्री। इनके ज्ञान में सम्पूर्ण पदार्थ युगपत प्रतिभासित होते हैं। ये स्वयं में लीन हैं और सर्व इच्छा से रहित हैं, फिर भी इनका हित-मित-प्रिय उपदेश होता है। भव्यजीव इनकी छवि को देखकर अपने आत्मवैभव को प्राप्त कर लेते हैं और पाकर निहाल हो जाते हैं।

कविवर दौलतराम कहते हैं कि इनके गुणों के चिन्तन में लीन होकर संसाररूपी भयंकर नाले को सहज ही पार किया जा सकता है।

विशेष–इस पद में जिनेन्द्र भगवान के लिए 'जिनपाला' शब्द का प्रयोग हुआ है, जिसका अर्थ है 'जिन के पालक'। सो यहाँ 'जिन' का अभिप्राय 'एकदेशजिन' समझना चाहिए, 'सकलजिन' नहीं। शास्त्रों में सासादन गुणस्थान से लेकर क्षीणकषाय तक के जीवों को 'एकदेशजिन' कहा गया है। यथा–''सासादनादिक्षीणकषायान्ता एकदेशजिना उच्यन्ते।'' (–प्रवचनसार, तात्पर्यवृत्ति, 201)

(43)

प्रभु थारी[3] आज महिमा जानी॥
अबलों मोह-महामद पिय मैं, तुमरी सुधि बिसरानी।
भाग जगे तुम शान्ति छवि लखि, जड़ता नींद बिलानी॥
जगविजयी दुखदाय राग-रुष, तुम तिनकी थिति भानी।
शान्ति-सुधा-सागर गुण-आगर, परम विराग विज्ञानी॥

पाठान्तर–1. तैं। 2. निज। 3. प्रभु तो थारी।

समवसरण अतिशय कमला जुत, पै निर्ग्रन्थ निदानी।
क्रोध बिना दुठ मोह विदारक, त्रिभुवनपूज्य अमानी॥
एक स्वरूप सकल ज्ञेयाकृति, जग-उदास जग-ज्ञानी।
शत्रु-मित्र सबमें तुम सम हो, जो सुख-दुख-फलथानी॥
परम ब्रह्मचारी है प्यारी, तुम हेरी शिवरानी।
हो कृतकृत्य तदपि तुम शिवमग, उपदेशक अगवानी॥
भई कृपा तुमरी तें तुममें, भक्ति सुमुक्ति निशानी।
है दयाल अब देहु 'दौल' को, जो तुमने कृति ठानी॥

अर्थ–हे प्रभो ! मैं आपकी महिमा को आज जान पाया हूँ। अब तक तो मैं मोहरूपी महामद का पान करके अपने स्वरूप को भूला हुआ था, किन्तु आज मेरे भाग्य जगे हैं जो कि मुझे आपकी शान्तमुद्रा के दर्शन हुए और मेरी अज्ञानतारूपी निद्रा उड़ गयी। हे प्रभो ! आपने सारे संसार को जीत लेनेवाले और महादुःख देनेवाले राग-द्वेष को नष्ट कर दिया है। आप शान्तिरूपी अमृत के सागर हैं, गुणों के भण्डार हैं, परम वीतरागी हैं और विशेष ज्ञानी हैं। हे प्रभो ! यद्यपि आप समवसरण आदि अतिशय लक्ष्मी से युक्त हैं, तथापि पूर्णतः अपरिग्रही हैं। आप क्रोध से रहित हैं, दुष्ट मोह के विनाशक हैं, तीनों लोकों द्वारा पूज्य हैं और मान से भी रहित हैं।

हे प्रभो ! आप सकल ज्ञेय पदार्थों को जानते हुए भी एकस्वरूपी हैं, जगत से उदासीन (अप्रभावित) रहकर भी सारे जगत के ज्ञाता हैं तथा दुःख-सुख के फल में निमित्तभूत ऐसे शत्रु-मित्रादि सभी में समान भाव रखनेवाले हैं। हे प्रभो ! आप परम ब्रह्मचारी हैं, फिर भी आपने अत्यन्त प्रिय मुक्तिरानी को खोजकर प्राप्त कर लिया है तथा आप कृतकृत्य हैं, फिर भी मोक्षमार्ग के अग्रणी उपदेशक हैं।

कविवर दौलतराम कहते हैं कि हे प्रभो ! आज आपकी कृपा से ही मुझमें आपके प्रति भक्ति उत्पन्न हुई है, जो कि मोक्ष का उत्तम चिह्न है। हे प्रभो ! आप दयालु होकर मुझे भी वही उत्तम दशा दीजिए, जो आपने अपने में प्रकट की है।

(44)

शिव-मग दरसावन रावरो दरश॥
परपद-चाह-दाह-गदनाशन, तुम वच भेषज पान सरस॥

गुण चितवत निज अनुभव प्रगटे, विघटे विधिठग दुविध तरस॥
'दौल' अवाची सम्पति साँची, पाय रहे थिर राच सरस॥

अर्थ–हे जिनेन्द्रदेव ! आपके दर्शन से मोक्षमार्ग के दर्शन होते हैं।

आपके वचनों का पान परपदार्थों की चाह के भयंकर रोग को नष्ट करने के लिए उत्तम ओषधि है।

हे प्रभो ! आपके गुणों का चिन्तवन करने से निज आत्मा का अनुभव प्रकट होता है और दोनों प्रकार के कर्मरूपी ठग का भी शीघ्र नाश होता है।

हे देव ! आप अपनी वचन-अगोचर सच्ची सम्पत्ति को प्राप्त करके उसी में स्थिरतापूर्वक लीन हो रहे हैं।

(45)

प्यारी लागे म्हाने जिन छवि थारी हो॥
परम निराकुल पद दरसावत, वर विरागताकारी।
पट-भूषण बिन पै सुन्दरता, सुर नर मुनि-मनहारी॥
जाहि विलोकत भवि निजनिधि लहि, चिर विभावता टारी।
निर्निमेष तें देख शचीपति, सुरता सफल विचारी॥
महिमा अकथ होत लख ताको, पशु-सम समकितधारी।
'दौलत' रहो ताहि निरखन की, भव-भव टेव हमारी॥

अर्थ–हे जिनेन्द्रदेव ! मुझे आपकी मुद्रा बहुत प्रिय लगती है।

आपकी मुद्रा परम निराकुल पद के दर्शन कराती है, सच्चा वैराग्य उत्पन्न कराती है तथा वस्त्राभूषण से रहित होते हुए भी इतनी सुन्दर है कि देव, मनुष्य और मुनियों के भी मन को हर लेती है।

हे जिनेन्द्रदेव ! आपकी मुद्रा को देखकर भव्यजीव अपनी आत्मिक सम्पत्ति को प्राप्त कर लेते हैं और अपनी अनादिकालीन विभाव-परिणति का त्याग कर देते हैं। इन्द्र भी आपकी मुद्रा को अपलक दृष्टि से देखता हुआ अपने देवत्व को सफल समझता है।

आपकी मुद्रा की महिमा अकथनीय है। पशु-सदृश अज्ञानी भी आपकी मुद्रा को देखकर सम्यग्दृष्टि हो जाते हैं।

कविवर दौलतराम कहते हैं कि हे जिनेन्द्रदेव ! मुझे हर जन्म में आपकी मुद्रा को देखने का अवसर (भाव) अवश्य प्राप्त हो।

(46)

थारा तो बैनामें सरधान घणो छै, म्हारे छवि निरखत हिय सरसावै।
तुम धुनि-घन पर-चहन-दहन-हर, वर समता-रस झर बरसावै॥
रूप निहारत ही बुधि हो[1] सो, निज-पर चिह्न जुदे दरसावै।
मैं चिदंक अलंकक अमल थिर, इन्द्रियसुख-दुख जड़ फरसावै॥
ज्ञान-विराग सुगुण तुम तिनकी, प्रापति हित सुरपति तरसावै।
मुनि बड़भाग लीन तिनमें नित, 'दौल' धवल उपयोग रसावै॥

अर्थ–हे जिनेन्द्रदेव ! आपके वचनों में मेरी बहुत श्रद्धा है। मेरा हृदय आपकी मुद्रा देखकर बहुत आनन्दित होता है।

हे प्रभो ! आपकी दिव्यध्वनि के बादल, परपदार्थों की चाहरूपी आग को बुझाने के लिए श्रेष्ठ समता-रस की भारी वर्षा करते हैं।

आपका रूप देखते ही हृदय में ऐसा विवेक प्रगट हो जाता है जो स्व और पर को अपने-अपने चिह्नों द्वारा भिन्न-भिन्न दिखाई देता है। यथा, मैं तो चैतन्यस्वरूपी निर्दोष, निर्मल एवं स्थिर तत्त्व हूँ, जबकि ये इन्द्रियसुख-दुख अचेतन हैं, स्पर्शमयी पुद्गल हैं।

कविवर दौलतराम कहते हैं कि हे जिनेन्द्रदेव ! आपके जिन ज्ञान-वैराग्य आदि श्रेष्ठ गुणों की प्राप्ति के लिए इन्द्र भी तरसता है, और जिनमें महाभाग्यशाली मुनिराज भी सदा लीन रहते हैं, उन्हीं ज्ञान-वैराग्य आदि उत्तम गुणों में मैं भी अपना स्वच्छ उपयोग रमाता हूँ।

(47)

आज मैं परम पदारथ पायो, प्रभु चरनन चित लायो॥
अशुभ गये शुभ प्रगट भये हैं, सहज कल्पतरु छायो॥
ज्ञान शक्ति तप ऐसी जाकी, चेतन पद दरसायो॥
अष्ट कर्म रिपु जोधा जीते, शिव-अंकूर जमायो॥

अर्थ–अहो, आज मेरा भगवान के चरणों में चित्त लग गया है और मुझे परमपदार्थ की प्राप्ति हो गयी है।

पाठान्तर–1. है।

भगवान के चरणों में चित्त लगाने से आज मेरे अशुभ भाव नष्ट हो गये हैं और शुभ भाव प्रकट हो गये हैं, अतः जीवन में सहज ही कल्पवृक्ष की छाया हो गयी है।

भगवान के चरणों में चित्त लगाने से ही आज मुझे ऐसे चैतन्य पद के दर्शन हुए हैं, जिसमें अपार ज्ञान-वैराग्य शक्ति भरी हुई है।

आज मैंने कर्मशत्रु के अष्ट योद्धाओं को जीत लिया है और मोक्ष का अंकुर स्थापित कर दिया है।

(48)

और अबे न कुदेव सुहावे, जिन थांके चरनन रति जोरी॥
काम-कोह[1] वश गहें अशन-असि, अंक निशंक धरें तिय गोरी।
औरन के किम भाव सुधारें, आप कुभाव भाव[2] धर धोरी॥
तुम बिन-मोह अकोह छोह-बिन, छके शान्तिरस पीय कटोरी।
तुम तज सेय अमेय भरी जो, जानत हो विपदा सब मोरी॥
तुम तज तिन्हें भजे शठ जो सो, दाख न चाखत खात निबोरी।
हे जगतार ! उधार 'दौल' को, निकट विकट भव-जलधि हिलोरी॥

अर्थ–हे जिनेन्द्रदेव ! अब मुझे मिथ्यादेव अच्छे नहीं लगते। अब तो मैंने आपके चरणों से प्रेम जोड़ लिया है।

मिथ्यादेव काम-क्रोध के वशीभूत हैं, भोजन ग्रहण करते हैं, शस्त्र धारण करते हैं और निःशंक होकर अपने साथ में सुन्दर स्त्री को धारण करते हैं। वे दूसरों के भाव क्या सुधारेंगे ? स्वयं ही अनेक खोटे भावों को धारण करते हैं।

किन्तु हे जिनेन्द्रदेव ! आप मोहरहित हैं, क्रोधरहित हैं, क्षोभरहित हैं और शान्तिरस की कटोरी पीकर तृप्त हो गये हैं। मैंने आपकी सेवा का त्यागकर जो अनन्त दुःख सहन किये हैं, उन्हें आप भली-भाँति जानते हैं।

हे प्रभो ! जो जीव आपको त्यागकर उन मिथ्यादृष्टि देवों की उपासना करते हैं वे दाख का स्वाद नहीं लेते, निबोरी ही खाते हैं।

कविवर दौलतराम कहते हैं कि हे जगत को तारनेवाले जिनेन्द्रदेव ! इस भयानक संसार-समुद्र की हिलोरों से मेरा शीघ्र उद्धार कीजिए।

पाठान्तर–1. मोह। 2. भार।

(49)

हो तुम त्रिभुवन-तारी हो जिनजी, मो भव-जलधि क्यों न तारत हो ॥
अंजन कियो निरंजन तातें, अधम-उधार विरद धारत हो।
हरि, वराह, मर्कट झट तारे, मेरी बार ढील पारत[1] हो ॥
यों बहु अधम उधारे तुम तौ, मैं कहा अधम न मोहि टारत हो ?
तुमको करनो परत न कछु शिव-पथ लगाय भव्यनि तारत हो ॥
तुम छवि निरखत सहज टरे अघ, गुणचिन्तत विधि-रज झारत हो।
'दौल' न और चहै मोहि दीजे, जैसी आप भावना रत हो ॥

अर्थ–हे जिनेन्द्रदेव ! आप तो तीनों लोकों को तारनेवाले हो, फिर मुझे इस संसार-सागर से क्यों नहीं तारते हो ?

आपने अंजन (चोर) को भी निरंजन (शुद्ध आत्मा) बना दिया था, अतः आप इस जगत में अधम-उद्धारक के यश को धारण करते हो। इसी प्रकार आपने सिंह, सुअर, बन्दर आदि को भी शीघ्र तार दिया था, तब फिर हे प्रभो ! आप मेरी बार ही क्यों देर कर रहे हो ? इसीप्रकार आपने अन्य भी बहुत से अधम जीवों का उद्धार किया है; तब क्या मैं अधम नहीं हूँ, जो आप मुझे टाल रहे हो ?

हे प्रभो ! भव्य जीवों का उद्धार करने के लिए आपको करना कुछ भी नहीं पड़ता है। आप तो केवल उनको मोक्षमार्ग में लगा देते हो, बस !

हे प्रभो ! आपको देखने से पाप सहज ही दूर हो जाते हैं और आपके गुणों का चिन्तवन करने से कर्मरूपी रज स्वयमेव झड़ जाती है।

कविवर दौलतराम कहते हैं कि हे जिनेन्द्रदेव ! मुझे अन्य कुछ नहीं चाहिए, मुझे तो केवल एक यही दीजिए कि जिस प्रकार आप शुद्धभावना में लीन हैं, उसी प्रकार मैं भी शुद्धभावना में लीन हो जाऊँ।

(50)

मोहि तारोजी क्यों ना, तुम तारक त्रिजग त्रिकाल में ॥
मैं भव-उदधि पड़्यो दुख भोग्यो, सो दुख जात कह्यो ना।
जामन मरन अनन्त तनो तुम, जानन माँहि छिप्यो ना ॥

पाठान्तर–1. डारत।

विषय विरस रस विषम भख्यो मैं, चख्यो न ज्ञान सलोना।
मेरी भूल मोहि दुख देवे, कर्म निमित्त भलो ना॥
तुम पदकंज धरे हिरदै जिन, सो भव-ताप तप्यो ना।
सुर-गुरु हू के वचन-किरन कर, तुम जस-गगन नप्यो ना॥
कुगुरु, कुदेव, कुश्रुत सेये मैं, तुम मत हृदय धर्‌यो ना।
परम विराग ज्ञानमय तुम, जाने बिन काज सर्‌यो ना॥
मो सम पतित न और दयानिधि ! पतिततार तुम सो ना।
'दौल' तणी अरदास यही है, फिर भव-वास बसों ना॥

अर्थ–हे जिनेन्द्रदेव ! आप मुझे क्यों नहीं तारते हो, जबकि आप तो तीनों काल में तीनों लोक के तारनेवाले हो ?

हे प्रभो ! मैंने इस संसार-सागर में पड़े-पड़े अनन्त जन्म-मरणों का जो दुःख भोगा है, उसे कहा नहीं जा सकता है। उसे तो आप ही पूरी तरह जानते हैं। वह आपके ज्ञान से छिपा नहीं है।

हे प्रभो ! मैंने विषयों के विषम रस का तो बहुत भक्षण किया है, किन्तु सुन्दर ज्ञान का स्वाद कभी नहीं लिया। मेरी यह भूल ही मुझे दुःख दे रही है। अशुभ कर्म तो निमित्त मात्र है।

हे देव ! जो जीव आपके चरण-कमलों को अपने हृदय में धारण करता है, वह संसार-ताप से बच जाता है। हे प्रभो ! आपके यशरूपी आकाश को देवताओं के गुरु की वचनरूपी किरणों के द्वारा भी नहीं नापा जा सकता है।

हे प्रभो ! मैंने कुगुरु, कुदेव और कुशास्त्र का सेवन किया, किन्तु आपके मत को हृदय में धारण नहीं किया। आप परम वीतरागी और पूर्ण ज्ञानमयी हैं। आपको जाने बिना मेरी कार्यसिद्धि नहीं हो सकती।

कविवर दौलतराम कहते हैं कि हे दयानिधि ! मेरे समान पतित और आपके समान पतिततारक इस जगत में अन्य कोई नहीं है; अतः आपसे मेरी यही प्रार्थना है कि मुझे अब आगे इस संसार में वास न करना पड़े।

(51)

नाथ मोहि तारत क्यों ना, क्या तकसीर हमारी ?
अंजन चोर महा अघ करता, सप्तविसन का धारी।
वो ही मर सुरलोक गयो है, वाकी कछु न विचारी॥

शूकर सिंह नकुल वानर से, कौन कौन व्रतधारी।
तिनकी करनी कछु न विचारी, वे भी भये सुर भारी॥
अष्टकर्म बैरी पूरब के, इन मो करी खुवारी।
दर्शन-ज्ञान रतन हर लीने, दीने महादुख भारी॥
अवगुण माफ करे प्रभु सबके, सबकी सुधि न विसारी।
'दौलतदास' खड़ा कर जोरे, तुम दाता मैं भिखारी॥

अर्थ--हे स्वामी ! आप इस संसार-सागर से मुझे क्यों नहीं पार करते हैं ? मेरा क्या दोष है ?

हे स्वामी ! अंजन चोर बड़े-बड़े पाप करता था और सप्त व्यसनों का धारक था, किन्तु वह भी यहाँ से मरकर देवलोक में गया है। आपने उसके पापों पर कोई ध्यान दिया।

इसी प्रकार शूकर, सिंह, नकुल और वानर ने भी कोई व्रतादि नहीं धारण कर रखे थे, परन्तु वे भी स्वर्ग में महादेव हुए हैं। आपने उनके कर्मों की ओर भी कोई ध्यान नहीं दिया।

हे स्वामी ! ये अष्टकर्म मेरे पूर्व जन्म के शत्रु हैं। इन्होंने मेरी दुर्दशा कर रखी है, मेरे दर्शन-ज्ञान-चारित्ररूपी रत्नों को मुझसे छीन लिया है और मुझे अपार दुःख दे रखा है।

कविवर दौलतराम कहते हैं कि हे स्वामी ! आपने सबके अवगुणों को क्षमा किया है और सभी को भली प्रकार सँभाला है। अब आपका दास मैं भी आपके समक्ष हाथ जोड़कर खड़ा हूँ। मेरा भी उद्धार कीजिए। हे स्वामी ! आप बड़े दाता हैं और मैं भिखारी हूँ।

विशेष--यह पद 'दौलत-विलास' की अधिकांश प्रतियों में नहीं पया जाता और इसकी प्रकृति भी अन्य पदों से कुछ भिन्न प्रतीत होती है, अतः यह प्रक्षिप्त हो सकता है।

(52)

सुधि लीजो जी म्हारी, मोहि भवदुख दुखिया जान के॥
तीन लोक स्वामी नामी तुम, त्रिभुवन के दुखहारी।
गणधरादि तुम शरण लई, लख लीनी शरण तिहारी॥
जो विधि-अरी करी हमरी गति, सो तुम जानत सारी।
याद किये दुख होत हिये, ज्यों लागत कोट कटारी॥

लब्धि अपर्यापत निगोद में, एक उसास मझारी।
जनम-मरन नव-दुगुन विथा की, कथा न जात उचारी ॥
भू जल ज्वलन पवन प्रत्येक तरु, विकलत्रय तन धारी।
पंचेन्द्रिय पशु नारक नर सुर, विपति भरी भयकारी ॥
मोह महारिपु ने नहिं सुखमय, होन दई सुधि थारी।
सो दुठ मन्द भयो भागन तैं, पाये तुम जगतारी ॥
यदपि विरागि तदपि तुम शिव-मग, सहज प्रगट करतारी।
ज्यों रवि-किरन सहज मगदर्शक, यह निमित्त अनिवारी ॥
नाग छाग गज बाघ भील दुठ, तारे अधम-उधारी।
सीस नवाय पुकारत अबके, 'दौल' अधम की बारी ॥

अर्थ–हे प्रभो ! मैं संसार-दुःख से बहुत दुःखी हूँ। कृपया मेरी सुधि लीजिए।

हे प्रभो ! आप तीन लोक के स्वामी के रूप में प्रसिद्ध हैं, तीन लोक के दुःख दूर करनेवाले हैं और गणधर आदि ने भी आपकी शरण ली है–यही देखकर मैंने आपकी शरण ली है।

हे प्रभो ! कर्मरूपी शत्रुओं ने हमारी जो हालत की है, उसे आप अच्छी तरह जानते हैं। मैं तो उसे याद भी करता हूँ तो ऐसा दुःख होता है मानो हृदय में करोड़ों कटार लग गयी हों।

हे प्रभो ! मैंने लब्धि-अपर्याप्त दशा में निगोद में एक श्वास में अठारह बार जन्म-मरण करके जो अनन्त दुःख भोगा है, उसकी कहानी वचनों से कही नहीं जा सकती है।

इसके बाद मैंने पृथ्वीकायिक, जलकायिक, अग्निकायिक, वायुकायिक और प्रत्येक-वनस्पतिकायिक शरीरों को धारण किया। इसके बाद मैं दो-इन्द्रिय, तीन-इन्द्रिय, चार-इन्द्रिय जीव हुआ और फिर पंचेन्द्रिय पशु, नारकी, मनुष्य और देव हुआ। हे प्रभो ! मैंने इन सब दशाओं में भयंकर दुःख सहन किये हैं।

हे प्रभो ! मोहरूपी महाशत्रु ने मुझे आपकी सुखमयी याद रंचमात्र भी कभी नहीं होने दी थी, किन्तु अब बड़े भाग्य से वह दुष्ट मन्द हुआ है, इसलिए मुझे आपका समागम प्राप्त हुआ है।

हे प्रभो ! यद्यपि आप वीतरागी हैं, तथापि आप सहज ही मोक्षमार्ग को प्रकट करनेवाले हैं; उसी प्रकार, जिस प्रकार कि सूर्य की किरणें सहज ही मार्गदर्शक (रास्ता दिखानेवाली) होती हैं। आप भी ऐसे ही सहज अनिवार्य निमित्त हैं।

कविवर दौलतराम कहते हैं कि हे प्रभो ! अब तक आपने साँप, बकरी, हाथी,

बाघ, भील आदि अनेक दुष्ट जीवों का उद्धार किया है; किन्तु अब मैं शीश झुकाकर आपको पुकारता हूँ कि अब मेरी बारी है।

(53)

तुम सुनियो श्री जिननाथ[1] ! अरज इक मेरी जी ॥
तुम बिनहेत जगत-उपकारी, वसु कर्मन मोहि कियो दुखारी।
ज्ञानादिक निधि हरी हमारी, द्यावो सो मम केरी[2] जी ॥
मैं निज भूल तिनहिं संग लाग्यो, तिन कृत करण विषयरस पाग्यो।
तातें जन्म-जरा-दव दाग्यो, कर समता सम नेरी जी ॥
वे अनेक प्रभु मैं जो अकेला, चहुँगति विपति माँहि मोहि पेला।
भाग जगे तुमसे भयो भेला, तुम हो न्याय निबेरी जी ॥
तुम दयाल बेहाल हमारो, जगतपाल निज विरद समारो।
ढील न कीजे बेग निबारो, 'दौल' तणी भवफेरी जी ॥

अर्थ–हे जिननाथ ! आप अकारण स्वार्थ एवं राग के बिना जगत का उपकार करनेवाले हैं, अतः मेरी एक प्रार्थना सुनिए। मुझे इन अष्ट कर्मों ने बहुत दुःखी कर रखा है, मुझसे मेरी ज्ञानादि सम्पत्ति को छीन लिया है। अतः आप उसे मुझे वापिस दिलाइए, क्योंकि वह सम्पत्ति वास्तव में मेरी है।

हे प्रभो ! मैं स्वयं को भूलकर इन अष्टकर्मों के साथ लग गया और उनके द्वारा दिये गये इन्द्रिय-विषयों के रस में मग्न हो गया; अतः जन्म-जरा-मरण की अग्नि में जलता रहा। हे प्रभो ! अब मुझे समतारूपी सुख प्रदान कीजिए।

हे प्रभो ! ये कर्म तो अनेक हैं और मैं अकेला ही हूँ, अतः इन सबने मिलकर मुझ अकेले को चतुर्गति की विपत्ति में बहुत पेला है। किन्तु अब मेरे बड़े भाग्य जागे हैं जो आपसे मिलना हुआ है। अतः अब आप ही मेरा न्याय कीजिए।

कविवर दौलतराम कहते हैं कि हे दयालु प्रभो ! मेरा यहाँ, इस संसार में बहुत बुरा हाल हो रहा है, अतः आप अपने जगतपालक के रूप में प्रसिद्ध यश को सँभालिए–स्मरण कीजिए और शीघ्र ही मेरे संसार-भ्रमण को दूर कीजिए, देर मत कीजिए।

पाठान्तर–1. तुम सुनियो जिननाथ। 2. फेरी।

(54)

जाऊँ कहाँ तज शरन तिहारे॥

चूक अनादि तनी या हमरी, माफ करो करुणा गुण धारे॥

डूबत हों भवसागर में अब, तुम बिन को मोहि पार किनारे[1]॥

तुम सम देव अवर नहिं कोई, तातें हम यह हाथ पसारे॥

मो सम अधम अनेक उबारे, वरनत हैं गुरु शास्त्र अपारे॥

'दौलत' को भवपार करो अब, आयो है शरणागत थारे॥

अर्थ–हे प्रभो ! मैं आपकी शरण छोड़कर अन्यत्र कहाँ जाऊँ ?

आज तक मैं आपकी शरण छोड़कर अन्यत्र भटकता था, सो वह मेरी अनादिकालीन भूल थी। आप उसे क्षमा कर दीजिए, क्योंकि आप करुणा गुण के धारक हैं।

हे प्रभो ! मैं संसार-सागर में डूब रहा हूँ। मुझे इससे पार लगानेवाला आपके अलावा कौन है ? आप जैसा अन्य कोई देव नहीं है, अतः मैं आपके समक्ष हाथ फैला रहा हूँ।

कविवर दौलतराम कहते हैं कि हे प्रभो ! आपने मेरे-जैसे अनेक अधम जीवों का उद्धार किया है, जिनका विस्तृत वर्णन गुरु और शास्त्र करते हैं; अतः अब आप मुझे भी संसार से पार कर दीजिए, मैं आपकी शरण में आया हूँ।

(55)

मन, वच, तन कर शुद्ध भजो जिन, दाव भला पाया।
अवसर फेर मिले नहिं ऐसा, यों सतगुरु गाया॥
बस्यो अनादि निगोद निकसि, फिर थावर देह धरी।
काल असंख्य अकाज गमायो, नेक न समझ परी॥
चिन्तामणि दुर्लभ लहिये त्यों, त्रस पर्याय लही।
लट पिपील अलि आदि जन्म में, लह्यो न ज्ञान कहीं॥
पंचेन्द्रिय-पशु भयो कष्ट तें, तहाँ न बोध लह्यो।
स्व-पर विवेक रहित बिन संयम, निशदिन भार वह्यो॥

पाठान्तर–1. निकारे।

चौपथ चलत रतन जिम लहिये, मनुष देह पाई।
सुकुल जैनवृष सत-संगति यह, अति दुर्लभ भाई॥
यों दुर्लभ नरदेह कुधी जे, विषयन संग खोवें।
ते नर मूढ़ अजान सुधारस, पाय पाँव धोवें॥
दुर्लभ नरभव पाय सुधी जे, जैनधर्म सेवें।
'दौलत' ते अनन्त अविनाशी, सुख-शिविका बेवें॥

अर्थ–सद्गुरु कहते हैं कि हे भाई ! मन, वचन, काय को शुद्ध करके जिनेन्द्र परमात्मा की उपासना करो। आज तुम्हें यह बहुत सुन्दर अवसर प्राप्त हुआ है। ऐसा अवसर पुनः मिलनेवाला नहीं है।

हे भाई ! तुम पहले अनादिकाल से निगोद में रहते थे। उसके बाद तुमने वहाँ से निकलकर स्थावर शरीर को धारण किया और असंख्य काल ऐसी अवस्था में व्यर्थ गँवा दिया, जहाँ तुम्हें रंचमात्र ज्ञान नहीं था।

उसके बाद तुमने चिन्तामणि के समान अतिदुर्लभ त्रसपर्याय को प्राप्त किया, किन्तु वहाँ भी तुम्हें लट, चींटी, भ्रमर आदि के जन्मों में कहीं भी ज्ञान की प्राप्ति नहीं हुई।

उसके बाद तुम और भी कठिनाई से पंचेन्द्रिय पशु हुए, किन्तु वहाँ भी तुमने ज्ञान की प्राप्ति नहीं की और स्व-पर-भेदविज्ञान एवं संयम के बिना ही जीवन व्यतीत करते हुए तुम रात-दिन बोझा ढोते रहे।

उसके बाद अब, तुमने चौराहे पर पड़े हुए रत्न की प्राप्ति के समान अति दुर्लभ मनुष्य भव को प्राप्त किया है और उसमें भी यह उत्तम कुल, जैनधर्म एवं सत्संगति की प्राप्ति तो और भी महादुर्लभ है।

अतः हे भाई ! जो मनुष्य इतने दुर्लभ मनुष्य-भव आदि को इन्द्रिय-विषयों में लीन रहकर खो देते हैं, वे बड़े मूर्ख हैं, अज्ञानी हैं; वे अमृतरस को पाकर भी उससे पैर धोने जैसा काम करते हैं।

कविवर दौलतराम कहते हैं कि जो जीव इस दुर्लभ मनुष्य भव को पाकर जैन धर्म का सेवन करते हैं, वे अनन्त, अविनाशी सुख की पालकी को प्राप्त करते हैं।

विशेष–ध्यातव्य है कि इस पद में प्राप्त अवसर की दुर्लभता को समझाने हेतु जीव की अनादि निगोद से लेकर सिद्ध दशा तक की कहानी को क्रमबद्ध रूप से प्रस्तुत किया गया है, जिससे प्रस्तुति प्रभावपूर्ण हो गयी है।

(56)

घड़ि-घड़ि पल-पल छिन-छिन निश-दिन, प्रभुजी का सुमिरन कर ले रे ॥
प्रभु सुमिरे तें पाप कटत हैं, जन्म-मरण दुख हर ले रे ॥
मन-वच-काय लगाय चरण चित, ज्ञान हिये बिच धर ले रे ॥
'दौलतराम' धरम नौका चढ़ि, भवसागर तैं तिर ले रे ॥

अर्थ–हे जीव ! तू हर घड़ी, हर पल, हर क्षण निरन्तर परमात्मा का स्मरण कर ! परमात्मा के स्मरण से पाप कट जाते हैं और जन्म-मरण का दुख दूर हो जाता है।

तू परमात्मा के चरणों में मन-वचन-कायपूर्वक ध्यान लगा ले और उनके तत्त्वज्ञान को अपने हृदय के अन्दर धारण कर ले।

कविवर दौलतराम कहते हैं कि हे जीव ! तू धर्मरूपी नौका में चढ़कर संसार-सागर से पार हो जा !

(57)

जय जय जग-भरम-तिमिर हरन जिनधुनी ॥
या विन समझे अजों न सोंज निज मुनी।
यह लखि हम निज-पर-अविवेकता लुनी ॥
जाको गनराज अंग-पूर्वमय चुनी।
सो कही है कुन्दकुन्द प्रमुख बहु मुनी ॥
जे चर जड़ भये पीय मोह-बारुनी।
तत्त्व पाय चेते जिन थिर सुचित सुनी ॥
कर्ममल पखारनेहि विमल सुरधुनी।
तज विलम्ब अम्ब करो 'दौल' उर पुनी ॥

अर्थ–हे जगत के भ्रमरूपी अन्धकार को दूर करनेवाली जिनेन्द्र-ध्वनि ! तुम्हारी बारम्बार जय हो।

अनादि काल से आज तक इस जीव ने तुमको समझे बिना ही अपने सच्चे स्वरूप को नहीं पहचाना है और ज्ञानी जीवों ने तुमको समझकर ही स्व-पर सम्बन्धी अज्ञान को नष्ट कर दिया है।

इसी जिनवाणी को गणधर देवों ने अंग-पूर्वमय चुनकर प्रतिपादित किया है

और कुन्दकुन्द[1] आदि अनेक प्रमुख आचार्यों ने भी इसी जिनवाणी का कथन किया है। जो जीव मोहरूपी शराब पीकर अचेतन-से हो रहे हैं, उनमें से जिन जीवों ने इस जिनवाणी को स्थिर चित्त होकर सुना है, वे तत्त्व की प्राप्ति करके जागृत हो गये हैं। कर्मरूपी मैल को धोने के लिए यह जिनवाणी पवित्र गंगा नदी के समान है।

कविवर दौलतराम कहते हैं कि हे माँ ! अब देर न करो, मेरा हृदय पवित्र करो।

(58)

जिनबैन सुनत मेरी भूल भगी ॥
कर्मस्वभाव भाव चेतन को, भिन्न पिछानन सुमति जगी ॥
निज[2] अनुभूति सहज ज्ञायकता, सो चिर रुष-तुष मैल पगी ॥
स्याद्वाद धुनि निर्मल जल तें, विमल भई समभाव लगी ॥
संशय मोह भरमता विघटी, प्रगटी आतम सोंज सगी ॥
'दौल' अपूरव मंगल पायो, शिवसुख लेन होंस उमगी ॥

अर्थ–अहो, आज जिनेन्द्र भगवान के वचनों को सुनकर मेरा अज्ञान दूर हो गया है और मेरे अन्दर वह सच्चा ज्ञान जाग्रत हो गया है जो कर्म-स्वभाव और चेतन-स्वभाव को भिन्न-भिन्न पहचानता है।

जिनेन्द्र भगवान के वचनों को सुनकर मेरी सहज ज्ञायक स्वरूप अनुभूति जो कि अनादिकाल से राग-द्वेषरूपी मैल से लिप्त थी, स्याद्वादरूपी निर्मल जल से धुलकर स्वच्छ हो गयी है और मेरे हृदय में समभाव उत्पन्न हो गया है।

कविवर दौलतराम कहते हैं कि जिनेन्द्र भगवान की वाणी सुनकर आज मेरे हृदय से संशय-विमोह-विभ्रम नष्ट हो गये हैं और जो सर्वथा अपनी है, ऐसी आत्मपरिणति प्रकट हो गयी है। आज मैंने अभूतपूर्व मंगल की प्राप्ति की है कि मेरे अन्दर मोक्ष-सुख को प्राप्त करने का प्रबल उत्साह जाग्रत हुआ है।

---

1. कुन्दकुन्द (प्रथम शती) जैनदर्शन के एक ऐसे महान् आचार्य हैं जिनकी आम्नाय अद्यावधि अत्यन्त शुद्ध एवं प्रामाणिक मानी जाती है। यहाँ उनका नाम लेने से स्पष्ट होता है कि कवि उनसे अत्यन्त प्रभावित है और स्वयं भी उसी आम्नाय का है।

पाठान्तर–2. जिन।

(59)

सुनि जिनबैन, श्रवन सुख पायो ॥
नस्यो तत्त्व दुर अभिनिवेश तम, स्याद उजास कहायो।
चिर विसर्यो लह्यो आतमचैन ॥
दह्यो अनादि असंजम दव तें, लहि व्रत-सुधा सिरायो।
धीर धरी मन जीतन मैन ॥
भरो विभाव अभाव सकल अब, सकल रूप चित लायो।
'दौल' लह्यो अब अविचल जैन ॥

अर्थ–अहो, आज मुझे अपने कानों से जिनेन्द्र भगवान के वचनों को सुनकर बहुत सुख प्राप्त हुआ है।

जिनेन्द्र भगवान के वचनों को सुनकर मेरा तत्त्वसम्बन्धी मिथ्या मान्यता का अन्धकार दूर हो गया है, स्याद्वादरूपी उजाला प्रकट हो गया है और मैंने अनादिकाल से भूले हुए अपने आत्मसुख को भी प्राप्त कर लिया है।

मैं अनादिकाल से असंयमरूपी अग्नि में जल रहा था, किन्तु आज मैंने उस अग्नि को व्रतरूपी अमृत ग्रहण करके ठण्डा कर दिया है और आज मेरे मन ने कामदेव को जीतने के लिए धैर्य धारण कर लिया है।

कविवर दौलतराम कहते हैं कि जिनेन्द्र भगवान के वचनों को सुनकर आज मेरे सम्पूर्ण विभावों का अभाव हो गया है, मुझे अपना सम्पूर्ण स्वभाव दृष्टि में आ गया है और जैनत्व में अविचल श्रद्धान की प्राप्ति हो गयी है।

(60)

जिनवानी जान सुजान रे।
लाग रही चिर तें विभावता, ताको कर अवसान रे॥
द्रव्य क्षेत्र अरु काल भाव की, कथनी को पहिचान रे।
जाहि पिछाने स्व-पर भेद सब, जाने परत निदान रे॥
पूरब जिन जानी तिनही ने, भानी संसृति-बान रे।
अब जानें अरु जानेंगे जे, ते पावें शिवथान रे॥
कह तुष-माष मुनी शिवभूती, पायो केवलज्ञान रे।
यों लखि 'दौलत' सतत करो भवि, जिनवचनामृत पान रे॥

अर्थ–हे भाई ! जिनवाणी को समझो, भली प्रकार समझो और अनादि काल से अपने साथ लगी हुई विभाव-परिणति को समाप्त करो।

हे भाई ! जिनवाणी में द्रव्य-क्षेत्र-काल-भाव की अपेक्षा जो कथन किये गये हैं, उन्हें भली प्रकार पहचानो; क्योंकि उनको पहचानने पर ही स्व, पर और उनके सभी भेदों की ठीक-ठीक जानकारी हो सकती है।

भूतकाल में भी जिन जीवों ने जिनवाणी को समझा है, उन्हीं जीवों ने संसार-भ्रमण की परम्परा को नष्ट किया है। इसी प्रकार वर्तमान में भी और भविष्यकाल में भी जो जीव जिनवाणी को समझ रहे हैं और समझेंगे, वे ही मोक्ष को प्राप्त करेंगे।

देखो, शिवभूति मुनिराज ने जिनवाणी के एक वचन 'तुषमाष भिन्न' को समझा, तो उन्हें इससे ही केवलज्ञान की प्राप्ति हो गयी। कविवर दौलतराम कहते हैं कि हे भव्यजीवो ! तुम भी निरन्तर जिनवाणीरूपी अमृत का पान करो।

(61)

नित पीज्यो धीधारी ! जिनवानी सुधा-सम जान के॥
वीर मुखारविन्द तैं प्रगटी, जन्म-जरा-गद टारी।
गौतमादि गुरु उर-घट व्यापी, परम सुरुचि करतारी॥
सलिल-समान कलिल-मल-गंजन, बुध-मन रंजनहारी।
भंजन विभ्रम-धूलि प्रभंजन, मिथ्या जलद निवारी॥
कल्याणक तरु उपवन धरिनी, तरनी भव-जल तारी।
बन्ध विदारन पैनी छैनी, मुक्ति नसैनी सारी॥
स्व-पर स्वरूप प्रकाशन को यह, भानु-कला अविकारी।
मुनिमन-कुमुदिनि मोदन शशिभा, समसुख सुमन सुवारी॥
जाके सेवत बेवत निजपद, नसत अविद्या सारी।
तीन लोकपति पूजत जाको, जान त्रिजग हितकारी॥
कोटि जीभ सों महिमा जाकी, कहि न सके पविधारी।
'दौल' अल्पमति केम कहै, यह अधम उधारनहारी॥

अर्थ–हे बुद्धिमान जीवो ! जिनवाणी को अमृत के समान जानकर हमेशा पीओ, हमेशा पीओ।

यह जिनवाणी भगवान महावीर के मुखरूपी कमल से प्रकट हुई है, जन्म-जरा

मरणरूपी रोग को दूर करनेवाली है, गौतम गणधर आदि गुरुओं के हृदयरूपी घट में व्याप्त रहनेवाली है और परमार्थ की सच्ची रुचि उत्पन्न करनेवाली है।

यह जिनवाणी पापरूपी मैल को साफ करने के लिए जल के समान है, ज्ञानियों के मन को प्रसन्न करनेवाली है और विभ्रमरूपी धूल एवं मिथ्यात्वरूपी बादल को दूर करने के लिए तीव्र वायु के समान है।

यह जिनवाणी कल्याणरूपी वृक्षों के बाग की धरती है, संसार-सागर से तारनेवाली नौका है, बन्धनों को काटने के लिए पैनी छैनी है और मोक्ष के लिए श्रेष्ठ सीढ़ी है।

यह जिनवाणी स्व और पर के स्वरूप को यथावत् प्रकाशित करने के लिए निर्मल सूर्य-कला के समान है, मुनियों के मनरूपी कमलों को खिलाने के लिए चाँदनी के समान है और निराकुल सुखरूपी पुष्पों की सुन्दर वाटिका है।

जिनवाणी के सेवन से आत्मपद की अनुभूति होती है और सम्पूर्ण अज्ञानता का नाश होता है। तीनों लोकों के स्वामी इन्द्रादि भी इस जिनवाणी को तीनलोक का कल्याण करनेवाली समझकर इसकी पूजा करते हैं।

कविवर दौलतराम कहते हैं कि जिनवाणी की महिमा करोड़ों जीभों से शक्तिशाली इन्द्र भी नहीं कह पाया है, फिर मैं अल्पबुद्धि तो कैसे कुछ कह सकता हूँ ? अहो, यह जिनवाणी तो अधम का भी उद्धार करनेवाली है।

(62)

और सबै जगद्वन्द मिटावो, लौ लावो जिन-आगम ओरी ॥
है असार जगद्वन्द बन्धकर, ये कछु गरज न सारत तोरी।
कमला चपला, यौवन सुरधनु, स्वजन पथिकजन क्यों रति जोरी ?
विषय-कषाय दुखद दोनों ये, इनतें तोर नेह की डोरी।
परद्रव्यनि को तू अपनावत, क्यों न तजे ऐसी बुधि भोरी ॥
बीत जाय सागर थिति सुर की, नरपर्याय तनी अतिथोरी।
अवसर पाय 'दौल' अब चूके, फिर न मिले निधि[1] सागर बोरी ॥

अर्थ–हे जीवो ! जगत के अन्य सब दन्द-फन्द छोड़ दो और एक मात्र जिनागम की ओर अपना ध्यान लगाओ।

पाठान्तर–1. मणि।

जगत के सारे दन्द-फन्द असार हैं और बन्ध के कारण हैं। उनसे तुम्हारा कोई प्रयोजन सिद्ध होनेवाला नहीं है। लक्ष्मी चंचल है, यौवन इन्द्रधनुष के समान (सुन्दर, परन्तु क्षणभंगुर) है और कुटुम्ब-परिवार के लोग सहयात्री के समान हैं। तुम इन सबसे क्यों प्रेम जोड़ते हो ?

हे भाई ! विषय और कषाय—ये दोनों महादुःखदायी हैं। तुम इनसे प्रेम-सम्बन्ध तोड़ दो। तुम परद्रव्यों को अपना बनाने की कोशिश करते हो, किन्तु वह भी तुम्हारी भोली बुद्धि है, अज्ञानता है, तुम उसे भी छोड़ दो।

कविवर दौलतराम कहते हैं कि हे भाई ! देवपर्याय की सागर-जैसी बहुत लम्बी अवधि भी एक दिन व्यतीत हो जाती है, फिर इस मनुष्यपर्याय की अवधि तो बहुत ही अल्प है; अतः यदि तुम अब ऐसा अवसर पाकर भी चूक गये तो समझ लो कि समुद्र में फेंकी हुई सम्पत्ति के समान यह अवसर पुनः मिलनेवाला नहीं है।

(63)

जबतें आनन्द-जननि दृष्टि परी माई।
तबतें संशय विमोह भरमता विलाई॥
मैं हूँ चितचिह्न भिन्न पर तें पर जड़ स्वरूप।
दोउन की एकता सु जानी दुखदाई॥
रागादिक बन्ध-हेत बन्धन बहु विपति देत।
संवर हित जानि तासु हेतु ज्ञानताई॥
सबसुखमय शिव है तसु कारन विधि-झारन इम।
तत्त्व की विचारन जिनवानि सुधि कराई॥
विषय-चाह-ज्वाल तें दह्यो अनन्त काल तें।
सुधाम्बु स्यात्पदांक गाह तें प्रशान्ति आई॥
या बिन जगजाल में न शरन तीन काल में।
सम्हाल चित भजो सदीव 'दौल' यह सुहाई॥

अर्थ—अहो, जब से मेरी दृष्टि इस आनन्द उत्पन्न करनेवाली जिनवाणी माता पर पड़ी है, तभी से मेरे संशय, विमोह, विभ्रम दूर भाग गये हैं।

मैंने जान लिया है कि मैं तो पर से भिन्न एवं चेतनाचिह्नवाला जीवद्रव्य हूँ, पर तो अचेतनस्वरूप है तथा चेतन और अचेतन की एकता दुःख उत्पन्न

करनेवाली है। मैंने यह भी जान लिया है कि रागादि बन्ध के कारण हैं, बन्ध बहुत दुःख देनेवाला है, संवर ही हितकारी है और उस संवर का हेतु एक ज्ञानभाव है।

जिनवाणी माता ने ही मुझे यह समझाया है कि मोक्ष पूर्णसुखमय अवस्था का नाम है और उस मोक्ष का कारण कर्म-निर्जरा है, तथा उस कर्म-निर्जरा का भी कारण तत्त्वविचार है।

मैं अनादिकाल से विषय-चाह की ज्वाला में जल रहा था, किन्तु अब स्यात्पद से अंकित जिनवाणी माता के अमृत-जल से अवगाहन करने से मुझे उत्कृष्ट शान्ति की प्राप्ति हुई है।

कविवर दौलतराम कहते हैं कि हे जीव ! इस संसार-जाल में जिनवाणी माता के अतिरिक्त अन्य कोई शरण त्रिकाल में भी नहीं है, अतः हमेशा मन लगाकर इसकी उपासना करो, यह बहुत रुचिकर है।

(64)

ऐसा मोही क्यों न अधोगति जावे, जाको जिनवाणी न सुहावे।
वीतराग-से देव छोड़कर, भैरव यक्ष मनावे।
कल्पलता दयालुता तज, हिंसा इन्द्रायन बावे॥
रुचै न गुरु निर्ग्रन्थ भेष बहु, परिग्रही गुरु भावे।
परधन-परतिय को अभिलाषे, अशन अशोधित खावे॥
पर की विभव देख ह्वै सोगी, परदुख हर्ष लहावे।
धर्म हेतु इक दाम न खर्चे, उपवन लक्ष बहावे॥
ज्यों गृह में संचे बहु अघ त्यों, वन हू में उपजावे।
अम्बर त्याग कहाय दिगम्बर, बाघम्बर तन छावे॥
आरम्भ तज शठ जन्त्र-मन्त्र कर, जन पै पूज्य मनावे।
धाम वाम तज दासी राखे, बाहिर मढ़ी बनावे॥
नाम धराय जती तपसी मन, विषयन में ललचावे।
'दौलत' सो अनन्त भव भटके, औरन को भटकावे॥

अर्थ–ऐसा महामोही जीव अधोगति में क्यों नहीं जाएगा जिसे जिनवाणी अच्छी नहीं लगती है, जो श्रेष्ठ वीतरागी देव को छोड़कर भैरव, यक्ष आदि की पूजा करता है, दया की कल्पबेल को छोड़कर हिंसा के इन्द्रायण बीज को बोता

है, जिसे निर्ग्रन्थ (अपरिग्रही) गुरु अच्छे नहीं लगते अपितु नाना भेष धारण करनेवाले परिग्रही गुरु अच्छे लगते हैं, जो परधन व परस्त्री की अभिलाषा करता है, अशुद्ध भोजन करता है, पर-सम्पत्ति को देखकर दुःखी होता है, परदुःख को देखकर खुश होता है, धर्म के लिए तो जरा भी धन नहीं खर्च करता किन्तु विषयभोगों के लिए लाखों रुपये पानी की तरह बहा देता है, वन में जाकर भी घर की भाँति बहुत पाप-संचय करता है, वस्त्र त्यागकर दिगम्बर कहलाता है किन्तु अपने शरीर को बाघ आदि की खाल से ढँकता है, आरम्भत्यागी होकर भी यन्त्र-मन्त्र के द्वारा लोगों में पूज्य बनता है, घर एवं पत्नी का त्यागी होकर भी कुटिया बनवाता है एवं दासी रखता है तथा यति, तपस्वी जैसे ऊँचे नाम धारण करके भी जिसका मन विषयों में ललचाता है ?

कविवर दौलतराम कहते हैं कि ऐसा तीव्रमोही जीव स्वयं भी अनन्त जन्मों तक संसार में भटकता है और दूसरों को भी भटकाता है।

(65)

ऐसा योगी क्यों न अभय-पद पावे, जो फेर न भव में आवे ॥
संशय-विभ्रम-मोह विवर्जित, स्व-पर स्वरूप लखावे।
लखि परमातम चेतन को पुनि, कर्म कलंक मिटावे ॥
भव-तन-भोग विरक्त होहि तन, नग्न सुभेष बनावे।
मोह विकार निवार निजातम, अनुभव में चित लावे ॥
त्रस-थावर वध त्याग सदा, परमाद दशा छिटकावे।
रागादिक वश झूठ न बोले, तृण हु न अदत गहावे ॥
बाहिर नारि त्याग अन्तर चिद्‌ब्रह्म सु लीन रहावे।
परमाकिंचन धर्मसार सो, द्विविध प्रसंग बहावे ॥
पंच समिति त्रय गुप्ति पाल, व्यवहार-चरन मग धावे।
निश्चय सकल कषाय रहित है, शुद्धातम थिर थावे ॥
कुंकुम-पंक दास-रिपु तृण-मणि व्याल-माल सम भावे।
आरत-रौद्र कुध्यान विडारे, धर्म-शुक्ल को ध्यावे ॥
जाके सुखसमाज की महिमा, कहत इन्द्र अकुलावे।
'दौल' तास पद दास होय सो, अविचल ऋद्धि लहावे ॥

अर्थ–जहाँ से पुनः संसार में नहीं आना होता, उस अभयपद (मोक्षपद) को ऐसा योगी क्यों नहीं प्राप्त करेगा जो स्व और पर के स्वरूप को संशय-विमोह-विभ्रम से रहित जानता है, निजात्मा को परमात्मा देखकर समस्त कर्मकलंक को नष्ट करता है, संसार-शरीर-भोगों से विरक्त होकर शरीर को नग्नवेष में रखता है, मोहविकार को दूर करके निजात्मा का अनुभव करता है, त्रस-स्थावर की हिंसा को त्यागकर सदा के लिए प्रमाद अवस्था को छोड़ देता है, रागादिवश झूठ नहीं बोलता है, बिना दिये एक तिनका भी ग्रहण नहीं करता है, बहिरंग में स्त्री का त्याग करके अन्तरंग में भी ब्रह्मस्वरूप चैतन्य आत्मा में भली प्रकार लीन रहता है, परम आकिंचन्य रूप श्रेष्ठ धर्म को धारण करता हुआ दोनों प्रकार के परिग्रह का त्याग कर देता है, पाँच समिति और तीन गुप्तियों का पालन करता हुआ व्यवहार-चारित्र के मार्ग में भी तेजी से चलता है और निश्चय-चारित्र के रूप में सर्वकषाय से रहित निज शुद्धात्मा में स्थिर होता है, केसर व कीचड़, सेवक व शत्रु, तृण व मणि, सर्प व हार–सबके प्रति समभाव रखता है, आर्त एवं रौद्र नामक खोटे ध्यानों को छोड़ देता है और धर्म एवं शुक्ल नामक श्रेष्ठ ध्यानों को धारण करता है ? अर्थात् ऐसा जीव अवश्य मोक्षपद को प्राप्त करेगा।

कविवर दौलतराम कहते हैं कि ऐसे जीव के अपार सुख की महिमा का कथन करते हुए इन्द्र भी थक जाता है तथा जो जीव ऐसे योगी के चरणों का सेवक होता है, वह अविनाशी मोक्षलक्ष्मी की प्राप्ति करता है।

(66)

कबधों मिलें मोहि श्रीगुरु मुनिवर, करिहैं भवोदधि[1] पारा हो ॥
भोग उदास जोग जिन लीनों, छाँड़ि परिग्रह भारा हो।
इन्द्रिय दमन वमन गद कीनों, विषय-कषाय निवारा हो ॥
कंचन-काँच बराबर जिनके, निन्दक-वन्दक सारा हो।
दुद्धर तप तपि सम्यक निजघर, मन-वच-तन करि धारा हो ॥
ग्रीषम गिरि हिम सरिता-तीरें, पावस तरु-तर ठारा हो।
करुणाभीन चीन त्रस-थावर, ईर्यापन्थ समारा हो ॥
मार मार व्रत धार शील दृढ़, मोह महामल टारा हो।
मास छ-मास उपास वास वन, प्रासुक करत अहारा हो ॥

पाठान्तर–1. भवदधि।

आरत-रौद्र लेश नहिं जिनके, धर्म-शुक्ल चित धारा हो।
ध्यानारूढ़ गूढ़ निज आतम, शुध उपयोग विचारा हो॥
आप तिरहिं औरनि को तारहिं, भव-जलसिन्धु अपारा हो।
'दौलत' ऐसे जैन जतिन को, नितप्रति धोक हमारा हो॥

अर्थ–अहो, संसार-सागर से पार करनेवाले ऐसे श्रीगुरु मुनिराज मुझे कब मिलेंगे, जिन्होंने भोगों से विरक्त होकर योग अंगीकार किया है, समस्त परिग्रह का बोझ त्याग दिया है, इन्द्रियों का दमन किया है, अहंकार का वमन किया है, समस्त विषय-कषायों को दूर कर दिया है, जिनकी दृष्टि में कंचन और काच तथा निन्दक और वन्दक बराबर हैं, जिन्होंने मन-वचन-काय की एकाग्रता से कठिन तप तपकर अपने सच्चे घर में निवास किया है, जो गर्मी में पहाड़ पर, सर्दी में नदी के किनारे और बरसात में वृक्ष के नीचे आत्मध्यान करते हैं, जो दयायुक्त होकर त्रस-स्थावर जीवों को अच्छी तरह देखकर ईर्यासमितिपूर्वक गमन करते हैं, जिन्होंने काम को नष्ट करके एवं दृढ़ शीलव्रत को धारण करके मोहरूपी महामल्ल को दूर हटा दिया है, जो वन में रहकर माह, छह माह का उपवास करते हैं, उसके बाद प्रासुक आहार करते हैं, जिनके चित्त में किंचित् भी आर्तध्यान और रौद्रध्यान नहीं है, केवल धर्मध्यान एवं शुक्लध्यान ही रहते हैं और जो गहन ध्यान में आरूढ़ होकर अपने आत्मा के शुद्धोपयोग में ही विचरण करते हैं !

कविवर दौलतराम कहते हैं कि जो इस अपार संसार-सागर से स्वयं भी तिरते हैं और दूसरों को भी तारते हैं, उन जैन मुनिराजों को मैं नित्यप्रति नमस्कार करता हूँ।

(67)

धनि मुनि जिन[1] आतम-हित कीना।
भव असार तन अशुचि विषय विष, जान महाव्रत लीना॥
एक विहारी परिगह छारी, परिषह सहत अरी ना।
पूरव तन तप साधन मान न, लाज गही[2] परवीना॥
शून्य सदन गिरि गहन गुफा में, पद्मासन आसीना।
परभावनि तें भिन्न आप पद, ध्यावत मोह-विहीना॥

पाठान्तर–1. निज। 2. गनी।

स्व-पर भेद जिनकी बुधि निज में, पागी बाह्य लगी ना।
'दौल' तास पद-वारिज-रज ने[1] किन[2] अघ करे न छीना॥

अर्थ–अहो, धन्य हैं वे मुनिराज, जिन्होंने अपनी आत्मा का कल्याण कर लिया तथा संसार को असार, शरीर को अशुचि और इन्द्रिय-विषयों को विष समझकर महाव्रत धारण कर लिया।

मुनिराज स्वतन्त्रविहारी होते हैं, परिग्रह-त्यागी होते हैं, परिषह सहन करते हैं और उनके कोई शत्रु नहीं होता है। वे शरीर को तप का साधन मानते हैं। उनमें किसी प्रकार की लज्जा या हीनता नहीं होती है। वे बहुत प्रवीण होते हैं।

वे सूने भवन, पहाड़, गहरी गुफा आदि में पद्मासन लगाकर बैठते हैं और सदा मोह-रहित होकर परभावों से भिन्न अपने आत्मपद का ध्यान करते हैं।

मुनिराज का उपयोग स्व और पर को भिन्न-भिन्न करके एक स्व में ही रम जाता है, बाहर में कहीं नहीं लगता है।

कविवर दौलतराम कहते हैं कि ऐसे उन मुनिराज के चरण-कमल की रज कौन से पाप को नष्ट नहीं करेगी ? अर्थात् समस्त पापों को नष्ट कर देगी।

(68)

धनि मुनि जिन यह भाव पिछाना।
तन-व्यय वांछित प्रापति मानी, पुण्य-उदय दुख जाना॥
एक विहारि सकल ईश्वरता, त्याग महोत्सव माना।
सब सुख को परिहार सार सुख, जानि राग-रुष भाना॥
चित स्वभाव को चिन्त्य प्राण निज, विमल ज्ञान-दृग साना।
'दौल' कौन सुख जो न लह्यो तिनि, करो शान्तिरस पाना॥

अर्थ–अहो, धन्य हैं वे मुनिराज, जो इस भाव से परिणमन करते हैं कि वे शरीर की क्षीणता को वांछित वस्तु की प्राप्ति मानते हैं, पुण्य के उदय को दुःख मानते हैं और सम्पूर्ण ऐश्वर्य को त्यागकर अकेले विहार करने को महोत्सव मानते हैं।

मुनिराज समस्त सांसारिक सुखों के त्याग को ही श्रेष्ठ सुख समझकर राग-द्वेष का नाश करते हैं तथा अपने चैतन्य स्वभाव का चिन्तन करते हुए अपने जीवन को निर्मल ज्ञान-दर्शन में ही डुबोए रहते हैं।

पाठान्तर–1. से। 2. किस।

कविवर दौलतराम कहते हैं कि अहो, ऐसा कौन-सा सुख है जिसे उन्होंने प्राप्त नहीं किया है ? अर्थात् सर्व सुख को प्राप्त कर लिया है। वे निरन्तर शान्तिरस का पान करते हैं।

(69)

धनि मुनि जिनकी लगी लौ शिव ओर नै।
सम्यक दर्शन-ज्ञान-चरन निधि, धरत हरत भ्रम चोर नै॥
यथाजात मुद्रा जुत सुन्दर, सदन विजन गिरि कोर नै।
तृण-कंचन अरि-स्वजन गिनत सम, निन्दन और निहोर नै॥
भवसुख चाह सकल तज बल सजि, करत द्विविध तप घोर नै।
परम विराग भाव पवि तें नित, चूरत कर्म कठोर नै॥
छीन शरीर न हीन चिदानन, मोहत मोह झकोर नै।
जग-तप-हर भवि-कुमुद निशाकर, मोदन 'दौल' चकोर नै॥

अर्थ–अहो, धन्य हैं वे मुनिराज, जिनकी लगन मोक्ष की ओर लगी हुई है। ऐसे वे मुनिराज सम्यग्दर्शन-ज्ञान-चारित्र रूपी वैभव को धारण करते हैं और भ्रमरूपी चोर को उससे दूर हटाते हैं। उनकी मुद्रा यथाजात अर्थात् जैसी जन्म लेते समय होती है वैसी ही है। वन-पर्वत ही उनका सुन्दर निवासगृह है। वे तृण और कंचन, शत्रु और मित्र, निन्दा और प्रशंसा–सभी को समान समझते हैं। वे सर्व सांसारिक सुखों की अभिलाषा त्यागकर बहिरंग और अन्तरंग दोनों प्रकार का घोर तप करते हैं। वे परम वैराग्यभावरूपी वज्र से सदा कर्मों को चकनाचूर करते हैं। वे शरीर से क्षीण होते हैं, किन्तु उनका आत्मा कमजोर नहीं होता। वे मोह के पराक्रम को नष्ट कर देते हैं।

कविवर दौलतराम कहते हैं कि ऐसे मुनिराज संसार के ताप को दूर करने के लिए, भव्यजीवरूपी कमलों को खिलाने के लिए और मुझ चकोर पक्षी को प्रसन्न करने के लिए चन्द्रमा ही हैं।

(70)

जिन राग-द्वेष त्यागा, वह सतगुरू हमारा।
तज राज-ऋद्धि तृणवत, निज काज सँभारा॥

रहता है वह वनखण्ड में, धरि ध्यान-कुठारा।
जिन मोह-महातरु को, जड़मूल उखारा॥
सर्वांग तजि परिग्रह, दिग अम्बर धारा।
अनन्त-ज्ञान-गुन-समुद्र, चारित भण्डारा॥
शक्लाग्नि को प्रजाल के, वसु कानन जारा।
ऐसे गुरु को 'दौल' है, नमोऽस्तु हमारा॥

अर्थ–जिन्होंने राग-द्वेष का त्याग कर दिया है, वे ही हमारे सद्गुरु हैं।

हमारे ये सद्गुरु समस्त राजवैभव को तृण के समान त्यागकर अपना आत्मकार्य सँभालते हैं, वनखण्ड में रहते हैं और ध्यानरूपी कुठार के द्वारा मोहरूपी महावृक्ष को जड़मूल से उखाड़ देते हैं.।

वें सम्पूर्ण परिग्रह को त्यागकर दिशारूपी वस्त्रों को धारण करते हैं, अनन्त ज्ञानादि गुणों के समुद्र होते हैं और सम्यक्चारित्र के भी भण्डार होते हैं।

हमारे सद्गुरु शुक्लध्यानरूपी अग्नि को प्रज्वलित करके अष्टकर्मरूपी वन को जला देते हैं।

कविवर दौलतराम कहते हैं कि ऐसे सद्गुरु को हमारा नमस्कार हो।

(71)

मेरे कब है वा दिन की सुघरी।
तन बिन वसन अशन बिन वन में, निवसों नासादृष्टि धरी॥
पुण्य-पाप परसों कब विरचों, परचों निजनिधि चिर विसरी।
तजि उपाधि सजि सहज समाधी, सहों घाम-हिम-मेघझरी॥
कब थिर जोग धरों ऐसो मोहि, उपल जानि मृग खाज हरी।
ध्यान-कमान तान अनुभव-शर, छेदों किह दिन मोह-अरी॥
कब तृण-कंचन एक गिनों मैं, मणिजड़ितालय शैल-दरी।
'दौलत' सतगुरु चरन सेव जो, पुरवे आशा यही हमरी॥

अर्थ–अहो, मेरे जीवन में वह शुभ दिन कब आएगा, वह शुभ घड़ी कब आएगी जब यह शरीर वस्त्र-रहित होगा और मैं आहार बिना ही वन में नासादृष्टि धारण करके निवास करूँगा !

अहो, वह शुभ घड़ी कब आएगी जब मैं पुण्य-पाप से विरक्त होऊँगा, अनादि

काल से विस्मृत अपनी आत्मिक निधि का परिचय प्राप्त करूँगा, समस्त उपाधियों का त्याग करूँगा और सहज समाधि से सुसज्जित होकर गर्मी, सर्दी एवं वर्षा को सहन करूँगा !

अहो, वह शुभ दिन कब आएगा जब मैं ऐसा स्थिर योग धारण करूँगा कि जंगल के मृग मुझे पत्थर जानकर खाज खुजाएँगे, तथा मैं ध्यानरूपी कमान पर अनुभवरूपी बाण तानकर मोहरूपी शत्रु का नाश करूँगा !

अहो, वह शुभ दिन कब आएगा जब मैं तृण और कंचन तथा मणिजड़ित महल और पहाड़ की गुफा को एक समान समझूँगा !

कविवर दौलतराम कहते हैं कि अहो, वह शुभ दिन कब आएगा जब मैं सद्गुरु के चरणों की ऐसी सेवा करूँगा, जो मेरी उपर्युक्त अभिलाषा पूरी करेगी !

(72)

चित चिन्तके चिदेश कब अशेष पर वमूँ।
दुखदा अपार विधि दुचार की चमू दमूँ॥
कब पुण्य-पाप थाप आप आप में रमूँ।
कब राग-आग शर्म-बाग-दामिनी शमूँ॥
दृग-ज्ञान भानु तें मिथ्या अज्ञान तम दमूँ।
कब सर्वजीव प्राणिभूत सत्त्व[1] सों छमूँ॥
जल मल्ल लिप्त कल सुकल सुबल्ल परिनमूँ।
दलके त्रिशल्ल मल्ल कब अटल्ल पद पमूँ॥
कब ध्याय अज अमर को फिर न भव-विपिन भमूँ।
जिन पूर कौल 'दौल' को इस हेतु हौं नमूँ॥

अर्थ–अहो, वह सुअवसर कब आएगा जब मैं अपने चित्त में चैतन्यस्वभावी आत्मा का चिन्तन करूँगा, समस्त परभावों का त्याग करूँगा और अनन्त दुःखदायी अष्टकर्मों की सेना का दमन करूँगा !

अहो, वह सुअवसर कब आएगा जब मैं पुण्य-पाप को छोड़कर अपने आत्मस्वभाव में रमण करूँगा, सुखरूपी बगीचे को जलानेवाली रागरूपी आग को शान्त करूँगा, सम्यग्दर्शन-सम्यग्ज्ञानरूपी सूर्य के द्वारा मिथ्यात्व और अज्ञान के

पाठान्तर–1. तत्त्व।

अन्धकार को नष्ट करूँगा, समस्त जीवों को अपने प्राणों के समान समझकर क्षमा करूँगा, इस अशुचि शरीर को जलाकर सच्चे बलशाली शरीर के रूप में परिणमन करूँगा, माया मिथ्या, निदान—इन तीन शल्यरूपी योद्धाओं को चकनाचूर करके अटल पद को प्राप्त करूँगा और अपने अमर तत्त्व का ध्यान करके पुनः संसार-वन में भ्रमण नहीं करूँगा !

कविवर दौलतराम कहते हैं कि हे जिनेन्द्र ! आप मेरे इस वचन को पूरा कीजिए। मैं आपको इसके लिए प्रणाम करता हूँ।

(73)

शिवपुर की डगर समरस सों भरी।
सो विषय-विरस रचि चिर विसरी।
सम्यकदरश-बोध-व्रतमय भव-दुख दावानल मेघ-झरी॥
ताहि न पाय तपाय देह बहु, जनम-जरा करि विपति भरी।
काल पाय जिनधुनि सुनि मैं जब, ताहि लहूँ सोई धन्य घरी॥
ते जन धनि या माँहि चरत नित, तिन कीरति सुरपति उचरी।
विषयचाह भवराह त्याग अब, 'दौल' हरी रज रहस अरी॥

अर्थ—अहो, मोक्षरूपी नगर का मार्ग समतारूपी रस से भरा हुआ है। यह समतारूपी रस सांसारिक विषयों के रस से अत्यन्त भिन्न है और अनादिकाल से विस्मृत है।

मोक्षरूपी नगर का मार्ग सम्यग्दर्शन-ज्ञान-चारित्र की एकता रूप है और संसार-दुःख की भयंकर अग्नि को बुझाने के लिए जल-वर्षा के समान है। किन्तु अनादिकाल से आज तक कभी इस जीव ने उस सम्यग्दर्शन-ज्ञान-चारित्ररूप मोक्षमार्ग को प्राप्त नहीं किया है और व्यर्थ ही देह को बहुत तपाया है, अतः जन्म-मरण करके घोर दुःखों को ही सहन किया है।

कविवर दौलतराम कहते हैं कि वह घड़ी धन्य होगी, जब मैं काल पाकर अथवा भगवान की वाणी सुनकर इस सम्यग्दर्शन-ज्ञान-चारित्रमय मोक्षमार्ग को प्राप्त करूँगा। धन्य हैं वे जीव जो नित्य इसी मोक्षमार्ग में विचरण करते हैं। इन्द्र भी उनकी कीर्ति का उच्चारण करता है।

कविवर दौलतराम स्वयं से कहते हैं कि हे दौलतराम ! अब तू विषयचाह के संसारमार्ग का त्याग करके अरि, रज व रहस्य (समस्त घातिया कर्मों) को नष्ट कर दे।

(74)

अरे जिया ! जग धोके[1] की टाटी ॥
झूठा उद्यम लोक करत है, जिसमें निशिदिन घाटी ॥
जान बूझकर अन्ध बने हो,[2] आँखिन बाँधी पाटी ॥
निकल जाएँगे प्राण छिनक में, पड़ी रहेगी माटी ॥
'दौलतराम' समझ अपने मन[3], दिल की खोल कपाटी ॥

अर्थ–हे जीव ! यह संसार भ्रम का पर्दा है। यहाँ लोग ऐसा खोटा व्यापार (मिथ्या पुरुषार्थ) करते हैं जिसमें हमेशा हानि ही हानि होती है।

हे जीव ! तू यहाँ जान-बूझकर अन्धा बना हुआ है, तूने अपनी आँखों पर पट्टी बाँध रखी है। तू देख लेना कि अन्त में एक दिन तेरे प्राण क्षणभर में निकल जाएँगे और यह मिट्टी यहीं पड़ी रह जाएगी।

कविवर दौलतराम स्वयं से कहते हैं कि हे मेरे मन ! तू अपने हृदय के कपाट खोल और सत्य स्वरूप समझ।

(75)

हम तो कबहुँ न हित उपजाये।
सुकुल सुदेव सुगुरु सुसंग हित, कारन पाय गमाये ॥
ज्यों शिशु नाचत आप न माचत, लखनहार बौराये।
त्यों श्रुत वाँचत आप न राचत, औरन को समझाये ॥
सुजस लाह की चाह न तज, निजप्रभुता लखि हरषाये।
विषय तजे न रचे[4] निजपद में, परपद-अपद लुभाये ॥
पाप त्याग जिन जाप न कीनी, सुमन चाप तपताये।
चेतन-तन को कहत भिन्न, पर देह-सनेही थाये ॥
यह चिर भूल भई हमरी अब, कहा होत पछिताये।
'दौल' अजों भवभोग रचो मत, ये गुरु वचन सुनाये ॥

अर्थ–अहो, अनादिकाल से आज तक कभी हमने अपना हित नहीं किया, अपितु उत्तम कुल, सच्चे देव, सच्चे गुरु एवं सत्संगति इत्यादि हित के कारणों को पाकर भी व्यर्थ ही गँवा दिया।

पाठान्तर–1. धोखे। 2. हैं। 3. मन अपने। 4. रजे।

जिस प्रकार बालक ऐसा नृत्य करता है कि देखनेवाले आसक्त हो जाते हैं, किन्तु वह स्वयं कुछ नहीं समझता, उसी प्रकार हमने शास्त्र पढ़कर दूसरों को तो समझा दिया, किन्तु हम स्वयं नहीं समझे।

हमने यश-प्राप्ति की अभिलाषा का त्याग नहीं किया, अपितु अपनी प्रसिद्धि या प्रभुता को देखकर हम बहुत हर्षित हुए। हमने विषयों का त्याग नहीं किया, हम अपने आत्मपद में लीन नहीं हुए और अपदरूप परपद में ही लुभाये रहे।

हमने पाप का त्याग करके जिनेन्द्र भगवान का जाप तो नहीं किया अपितु हम काम के बाणों से संतप्त होते रहे। हमने शरीर और आत्मा को भिन्न-भिन्न कहा तो सही, परन्तु फिर भी हम शरीर के ही अनुरागी बने रहे।

कविवर दौलतराम कहते हैं कि इस प्रकार हमसे यह बड़ी भारी गलती हो गयी है, किन्तु अब पश्चात्ताप करने से भी क्या होगा ? अभी भी हमें चाहिए कि हम संसार-भोगों में मग्न होना छोड़ दें—यही श्रीगुरु का कहना है।

(76)

हम तो कबहुँ न निजगुन भाये।
तन निज मान जान तन दुख-सुख में विलखे हरषाये॥
तन को गरन मरन लखि, तन को, धरन मान हम जाये।
या भ्रमभौंर परे भवजल चिर, चहुँगति विपति लहाये॥
दरश-बोध-व्रत-सुधा न चाख्यो, विविध विषय-विष खाये।
सुगुरु दयाल सीख दई पुनि-पुनि, सुनि-सुनि उर नहिं लाये॥
बहिरातमता तजी न अन्तरदृष्टि न ह्वै निज ध्याये।
धाम काम धन रामा की नित, आस-हुतास जलाये॥
अचल अरूप शुद्ध चिद्रूपी, राव सुखमय मुनि गाये।
'दौल' चिदानँद स्वगुण-मगन जे, ते जिय सुखिया थाये॥

अर्थ—अहो, अनादिकाल से आज तक कभी हमने अपने गुणों की भावना नहीं की, अपितु शरीर को ही अपना माना, शरीर को ही अपना जाना और शरीर के ही सुख-दुःख में हर्ष-विषाद किया।

हमने शरीर के गलन को अपना मरण समझा और शरीर के संयोग को अपना जन्म समझा और चिरकाल तक इसी प्रकार भ्रम के भँवर में पड़े रहकर संसार-सागर में चतुर्गति के घोर दुःखों को भोगा।

हमने सम्यग्दर्शन-ज्ञान-चारित्ररूपी अमृत को तो चखा ही नहीं और नाना प्रकार के विषयरूपी विष का भक्षण बहुत किया। दयालु गुरु ने हमको बारम्बार शिक्षा दी, किन्तु हमने उसे सुनकर अपने हृदय में धारण नहीं किया।

हमने अपनी बहिरात्मदशा को नहीं छोड़ा और न ही अन्तरात्मा बनकर अपने आपका ध्यान किया। हम तो सदा धाम, काम, धन, स्त्री आदि की आशा रूपी अग्नि में जलते रहे।

कविवर दौलतराम कहते हैं कि मुनियों ने आत्मा के गुण इस प्रकार गाये हैं कि आत्मा अचल है, अरूपी है, शुद्ध है, चैतन्यस्वरूपी है और पूर्ण सुखमय है, तथा जो जीव इस ज्ञानानन्द स्वभावी आत्मा के गुणों में मग्न हुए हैं वे ही सुखी हुए हैं।

(77)

हम तो कबहुँ न निज घर आये।
पर घर फिरत बहुत दिन बीते, नाम अनेक धराये॥
परपद निजपद मान मगन ह्वै, पर-परिणति लिपटाये।
शुद्ध बुद्ध सुखकन्द मनोहर, चेतन भाव न भाये॥
नर पशु देव नरक निज जान्यो, परजय बुद्धि लहाये।
अमल अखण्ड अतुल अविनाशी, आतम गुन नहिं गाये॥
यह बहु भूल भई हमरी फिर, कहा काज पछिताये।
'दौल' तजो अजहूँ विषयन को, सतगुरु वचन सुहाये[1]॥

अर्थ–अहो, अनादिकाल से आज तक कभी भी हम अपने घर में नहीं आये हैं। पराये घरों में घूमते-फिरते ही हमें बहुत दिन बीत गये हैं, जहाँ हमने अपने अलग-अलग अनेकों नाम भी रखाये हैं।

अनादिकाल से आज तक हमने परपद को ही निजपद मान रखा है और हम उस परपद में ही मग्न होकर परपरिणति से लिपटे हुए हैं। हमने अपना स्वभाव जो शुद्ध, बुद्ध, सुखकन्द, मनोहर एवं चेतन है, उसकी भावना कभी नहीं की।

अहो, अनादिकाल से आज तक हमने मनुष्य, तिर्यंच, देव, नारकी आदि अवस्थाओं को ही अपना मानकर पर्यायबुद्धि धारण की और अपने अमल, अखण्ड, अतुल, अविनाशी आत्मगुणों को कभी नहीं गाया।

पाठान्तर–1. सुनाये।

कविवर दौलतराम कहते हैं कि यह हमारी बहुत बड़ी भूल हो गयी है, पर अब पछताने से क्या होगा ? भला इसी में है कि हम अभी भी विषयों का त्याग कर दें और सद्‌गुरु के वचनों से अनुराग करें।

(78)

आज गिरिराज निहारा, धन भाग हमारा॥
श्री[1] सम्मेद नाम है जाको, भू पर तीरथ भारा॥
तहाँ बीस जिन मुक्ति पधारे, और मुनीश अपारा।
आरजभूमि शिखामणि सोहै, सुन-नर-मुनि-मन प्यारा॥
तहँ थिर योग धार योगीश्वर, निज-पर तत्त्व विचारा।
निज स्वभाव में लीन होयकर, सकल विभाव निवारा॥
जाहि जजत भवि भाविन तें जब, भव-भव पातक टारा।
जिनगुन धार धरम-धन संचो, भव-दारिद हरतारा॥
इक नभ नव इक[2] वर्ष माघ बदि, चौदस वासर सारा।
माथ नाय जुत साथ 'दौल' ने, जय-जय शब्द उचारा॥

अर्थ–अहो, आज हमारे बड़े धन्य भाग्य हैं, जो कि हमने पर्वतराज श्री सम्मेदशिखर के दर्शन किये हैं। यह सम्मेदशिखर नामक पर्वत इस पृथ्वी पर बड़ा भारी तीर्थस्थान है।

यहाँ से बीस तीर्थंकर एवं अनन्त मुनिराज मोक्ष गये हैं। यह सम्पूर्ण आर्यभूमि का शिखामणि है। देव, मनुष्य और मुनियों के मन को भी यह अत्यन्त प्रिय है।

अनेक योगीश्वरों ने यहाँ स्थिर योग धारण करके स्वतत्त्व एवं परतत्त्व का विचार किया है और फिर अपने स्वभाव में लीन होकर समस्त विभावों का अभाव भी कर दिया है।

इस सम्मेदशिखर नामक तीर्थ की भावसहित वन्दना करके भव्य जीव अपने जन्म-जन्म के पापों को दूर कर देते हैं और जिनेन्द्रदेव के गुणों को धारण करके वहाँ ऐसा धर्मरूपी धन इकट्ठा करते हैं, जो सारी संसार-दरिद्रता को दूर कर देता है।

पाठान्तर–1. शिखर।

2. एक प्रति में 'इक नभ नव इक' के स्थान पर 'इक नव नभ इक'–ऐसा पाठ भी मिलता है; किन्तु 'अंकानां वामतो गतिः' नियम के अनुसार उसका अर्थ 1091 निकलता है, जो सम्भव नहीं है। अतः 'इक नभ नव इक' (1901) पाठ को ही शुद्ध मानना चाहिए।

कविवर दौलतराम कहते हैं कि विक्रम संवत् 1901 में, माघ कृष्णा चतुर्दशी के उत्तम दिन, मैंने संघ-सहित इस तीर्थराज की शिर झुकाकर और जय-जय शब्द बोलते हुए वन्दना की है।

(79)

अब मोहि जानि परी, भवोदधि तारन को हैं जैन॥
मोह-तिमिर तें सदाकाल से[1], छाय रहे मेरे नैन।
ताके नाशन काज लियो है,[2] अंजन जैन सु ऐन॥
मिथ्यामती भेष को लेकर, भासत हैं जो बैन।
सो वे बैन असार लखें हैं,[3] ज्यों पानी के फैन॥
मिथ्यामती बेल जग फैली, सो दुख-फल की दैन।
सतगुरु भक्ति-कुठार हाथ ले, छेद लियो अति चैन॥
जा बिन जीव अनादि काल तें, विधिवश सुखन लहै न।
अशरन-शरन अभय 'दौलत' अब, भजो रैन-दिन जैन॥

अर्थ–अहो, आज मुझे यह भलीभाँति ज्ञात हो गया है कि संसार-सागर से तारने के लिए एक जैनधर्म ही समर्थ है।

अहो, अनादि काल से मेरे नेत्र मोहरूपी अन्धकार से आच्छादित थे, किन्तु आज मैंने उस मोहरूपी अन्धकार को नष्ट करने के लिए जैनधर्म का श्रेष्ठ अंजन ग्रहण कर लिया है। संसार में अनेक मिथ्यादृष्टि जीव नाना भेष धारण करके बहुत बातें कहते हैं, किन्तु आज मैंने उनके वचनों को पानी के बुलबुलों की भाँति असार जान लिया है।

संसार में मिथ्यादृष्टियों की बेल बहुत फैल रही है और वह दुःखरूप फल को ही उत्पन्न करनेवाली है, किन्तु मैंने तो सद्गुरु के उपासनारूपी कुठार को हाथ में लेकर उसका नाश कर दिया है और परमसुख को प्राप्त कर लिया है।

कविवर दौलतराम कहते हैं कि हे भाई ! जिसके बिना जीव अनादिकाल से कर्मों के अधीन पड़ा है, सुख की प्राप्ति नहीं कर पाया है, जो अशरणों का शरण है और सबको भय-रहित करता है, उस जैनधर्म की दिन-रात उपासना करो।

पाठान्तर–1. के। 2. मैं। 3. मैं।

(80)

धन धन साधर्मी जन मिलन की घरी।
बरसत भ्रम-ताप हरन, ज्ञान-घन-झरी॥
जाके बिन पाये भव-विपति अति भरी।
निज-पर हित-अहित की कछू न सुधि परी॥
जाके परभाव चित सु थिरता करी।
संशय-भ्रम-मोह की सु वासना टरी॥
मिथ्या गुरु-देव सेव टेव परिहरी।
वीतराग देव सुगुरु सेव उर धरी॥
चारों अनुयोग सुहित देश दिठि परी।
शिवमग के लाह की सु चाह विस्तरी॥
सम्यक-तरु धरनि येह करन-करि हरी।
भव-जल को तरनि समर-भुजग-विष जरी॥
पूरव भव या प्रसाद रमनि शिव वरी।
सेवो अब 'दौल' याहि बात यह खरी॥

अर्थ–अहो, साधर्मियों से मिलन हो वह घड़ी धन्य है, धन्य है, बारम्बार धन्य है; क्योंकि उस समय भ्रमरूपी ताप को दूर करनेवाली ज्ञानामृत वर्षा होती है।

साधर्मि-मिलन की इस घड़ी के बिना जीव को बहुत सांसारिक विपत्तियों की प्राप्ति होती है और स्व-पर का एवं हित-अहित का कुछ भी ज्ञान नहीं होता।

साधर्मि-मिलन की इस घड़ी के प्रभाव से चित्त में बहुत स्थिरता आती है, संशय-विभ्रम-मोह की गहरी वासना दूर होती है, कुदेव-कुगुरु के सेवन की आदत का त्याग होता है, वीतराग देव-गुरु की सेवा-भावना हृदय में निवास करती है, चार अनुयोगरूप हितोपदेश पर दृष्टि जाती है और मोक्षमार्ग को प्राप्त करने की तीव्र इच्छा जाग्रत होती है।

साधर्मि-मिलन की यह घड़ी सम्यक्त्वरूपी वृक्ष के लिए धरती के समान है, इन्द्रियरूपी हाथी को वश में करने के लिए सिंह के समान है, संसार-सागर को तिरने के लिए नौका के समान है और कामदेवरूपी सर्प का विष उतारने के लिए जड़ी-बूँटी के समान है।

साधर्मि-मिलन की इस घड़ी की कृपा से ही पहले भी बहुत जीवों ने मुक्ति का वरण किया है, अतः कविवर दौलतराम कहते हैं कि अब साधर्मि-मिलन की घड़ी का ही सेवन करो। यह बात खरी है, काम की है, महत्त्वपूर्ण है।

(81)

चिन्मूरत दृगधारी की मोहि, रीति लगति है अटापटी ॥
बाहिर नारकि-कृत दुख भोगे, अन्तर सुखरस गटागटी।
रमति अनेक सुरनि सँग पै तिस, परिणति तें नित हटाहटी ॥
ज्ञान-विराग शक्ति तें विधिफल, भोगत पै विधि घटाघटी।
सदन-निवासी तदपि उदासी, तातें आस्रव छटाछटी ॥
जे भवहेतु अबुध के ते तस, करत बन्ध की झटाझटी।
नारक पशु तिय षँड विकलत्रय, प्रकृतिन की ह्वै कटाकटी ॥
संयम धरि न सके पै संयम, धारन की उर चटाचटी।
तास सुयश गुन की 'दौलत' के, लगी रहै नित रटारटी ॥

अर्थ–अहो, सम्यग्दृष्टि जीव की दशा मुझे बड़ी विचित्र लगती है।

सम्यग्दृष्टि जीव बाहर में तो नारकियों द्वारा दिये जानेवाले दुःख को भोगता हैं, किन्तु उसी समय वह अपने अन्तर में आत्मा के अतीन्द्रिय सुखरस का भी गटागट पान करता रहता है। इसी प्रकार वह बाहर में तो अनेक देवांगनाओं के साथ रमण करता है, किन्तु अन्तर में सदा उस भोग-परिणति से हटने का भाव रखता है।

सम्यग्दृष्टि जीव यद्यपि कर्म के फल को भोगता है, तथापि उसके पास ज्ञान-वैराग्य की ऐसी शक्ति होती है कि उसके कर्म निरन्तर कम होते जाते हैं।

वह यद्यपि घर में रहता है, तथापि घर से विरक्त रहता है, अतः उसके आस्रव का निरोध भी होता रहता है।

जो क्रियाएँ अज्ञानी जीव के संसार का कारण होती हैं, वे ही क्रियाएँ सम्यग्दृष्टि जीव के निर्जरा का कारण होती हैं।

सम्यग्दृष्टि जीव की नारक, पशु, स्त्री, नपुंसक, द्वीन्द्रिय, त्रीन्द्रिय और चतुरिन्द्रिय–ये कर्मप्रकृतियाँ नष्ट हो जाती हैं।

संयम को धारण नहीं कर सकने पर भी उसके हृदय में संयम धारण करने की तीव्र अभिलाषा रहती है।

कविवर दौलतराम कहते हैं कि ऐसे सम्यग्दृष्टि जीव के उज्ज्वल यश का गुणगान करने की अभिलाषा मेरे हृदय में सदैव बनी रहती है।

(82)

ज्ञानी ऐसी होली मचाई ॥
राग कियो विपरीत विपन-घर, कुमति कुसौति भगाई।
धार दिगम्बर कीन्ह सुसंवर, निज-पर-भेद लखाई।
घात विषयन की बचाई ॥
कुमति सखा भज ध्यान भेद सज, तन में तान उड़ाई।
कुम्भक ताल मृदंग सों पूरक, रेचक बीन बजाई।
लगन अनुभव सों लगाई ॥
कर्म बलीता रूप-नाम अरि, वेद सुइन्द्रि गनाई।
दे तप-अग्नि भस्म करि तिनको, धूलि-अघाति उड़ाई।
करी शिवतिय सों मिलाई ॥
ज्ञान को फाग भागवश आवे, लाख करो चतुराई।
सो गुरु दीनदयाल कृपा करि, 'दौलत' तोहि बताई।
नहीं चित से विसराई ॥

अर्थ–अहो, ज्ञानी जीव ऐसी होली खेलते हैं–

वे राग का त्याग करके वन में निवास करते हैं, कुबुद्धिरूपी बुरी सौतन को भगा देते हैं, दिगम्बर मुद्रा धारण करके कर्मों का भली प्रकार संवर करते हैं, स्व और पर का भेदविज्ञान करते हैं तथा अपने आपको विषयों के प्रहारों से बचाते हैं।

वे अज्ञानरूपी मित्र को भगाते हैं, ध्यान के उत्तम भेदों को धारण करते हैं, अपने अन्तरंग को पूरी तरह उत्साह से भरते हैं, कुम्भकरूपी ताल, पूरकरूपी मृदंग एवं रेचकरूपी वीणा बजाते हैं और एक आत्मानुभव की ही लगन लगाये रहते हैं।

वे ज्ञानावरण, दर्शनावरण, मोहनीय और अन्तराय–इन घाति कर्मों के ईंधन को तपरूपी अग्नि देकर भस्म कर देते हैं और फिर अघाति कर्मों को भी धूल के समान उड़ाकर मुक्तिरूपी स्त्री से मिलते हैं।

कविवर दौलतराम कहते हैं कि अहो, कोई कितना ही प्रयत्न कर ले, पर ऐसी ज्ञान की होली तो बड़े भाग्य से ही किसी के जीवन में आती है। यह तो, अब दयालु गुरु ने बड़ी कृपा करके मुझे ऐसी होली से परिचित करा दिया है, अतः अब मैं इसे कभी नहीं भूलूँगा।

मेरो मन खेलत ऐसी[1] होरी ॥
मन मिरदंग साजि कर त्यारी, तन को तमूरा बनो री।
सुमति सुरंग सरंगी बजाई, ताल दोऊ कर जोरी।
राग पाँचौं पद को री॥
समकृति रूप नीर भर झारी, करुना केशर घोरी।
ज्ञानमई लेकर पिचकारी, दोउ कर माँहि सम्होरी।
इन्द्रिय पाँचौं सखि बोरी॥
चतुर दान को है गुलाल सो, भर-भर मूँठ चलो री।
तप मेवा सों भर निज झोरी, यश को अबीर उड़ो री।
रंग जिनधाम मचो री॥
'दौलत' बाल खेलें अस होरी, भव-भव दुःख टलो री।
सरना लै इक श्री जिन को री, जग में लाज रहे[2] तोरी।
मिलै फगुआ शिवगोरी॥

अर्थ–अहो, मेरा मन ऐसी होली खेल रहा है–

मैंने अपने मन को मृदंग के रूप में सजा रखा है, मेरे दोनों हाथ मंजीर बने हुए हैं और मेरा शरीर ही तानपूरा बना हुआ है। मैं इन वाद्यों के साथ सुबुद्धि रूपी सुन्दर सारंगी बजा रहा हूँ, दोनों हाथों को जोड़कर ताल दे रहा हूँ और पंच परमेष्ठी के राग का गायन कर रहा हूँ।

मेरे पास सम्यक्त्वरूपी जल से भरी हुई झारी है जिसमें करुणारूपी केशर घुली हुई है। मैंने अपने दोनों हाथों से ज्ञानमयी पिचकारी को सावधानीपूर्वक पकड़ रखा है और उससे पाँचों इन्द्रियरूपी सखियों को पूरी तरह भिगो दिया है–पराजित कर दिया है।

मेरे पास चार दान रूपी गुलाल है, जिसे मुट्ठी भर-भरकर चलाया जा रहा है। इसके पश्चात् तपरूपी मेवा से मैंने अपनी झोली भर ली है। चारों ओर यशरूपी अबीर उड़ रहा है। ऐसा यह होली का उत्सव जिनेन्द्रदेव के स्थान पर मनाया जा रहा है।

कविवर दौलतराम कहते हैं कि हे जिनेन्द्रदेव ! मैं बालक एक आपकी ही शरण लेकर ऐसी होली खेल रहा हूँ। मुझे विश्वास है कि इससे मेरे जन्म-जन्म

पाठान्तर–1. ऐसी खेलत। 2. हो।

के दुःख दूर हो जाएँगे, आपका यश बच जाएगा और मुझे फगुआ के रूप में मुक्तिरूपी स्त्री भी मिल जाएगी।

विशेष—हिन्दी-साहित्य के मध्यकाल में होली के सैकड़ों पद लिखे गये हैं, किन्तु वे सभी शृंगारपरक हैं, कामभाव को ही उद्दीप्त व पुष्ट करनेवाले हैं। जीव ने कामभाव की होली तो अनेक बार खेली है, पर अध्यात्म की होली जो इसके लिए हितकर है, आज तक कभी नहीं खेली। अतः कविवर दौलतराम ने यहाँ आध्यात्मिक होली का वर्णन किया है।

(84)

ज्ञानी जीव निवार भरम-तम, वस्तु-स्वरूप विचारत ऐसे।
सुत तिय बन्धु धनादि प्रगट पर, ये मुझतें हैं भिन्न प्रदेसे।
इनकी परिणति है इन आश्रित, जो इन भाव परिनवे वैसे॥
देह अचेतन चेतन मैं इन, परिणति होय एक-सी कैसे।
पूरन गलन स्वभाव धरै तन, मैं अज अचल अमल नभ जैसे॥
पर परिणमन न इष्ट अनिष्ट न, वृथा राग-रुष द्वन्द भये से।
नसै ज्ञान निज फँसे बन्ध में, मुक्त होय समभाव लये से॥
विषय-चाह दव-दाह नसै नहिं, बिन निज सुधासिन्धु में पैसे।
अब जिनबैन सुने श्रवननितें, मिटै विभाव करूँ विधि तैसे॥
ऐसो अवसर कठिन पाय अब, निज हित हेतु विलम्ब करे से।
पछितावो बहु होय सयाने, चेतन 'दौल' छुटौ भव-भय से॥

अर्थ—ज्ञानी जीव अपने भ्रमरूपी अन्धकार को दूर करके वस्तुस्वरूप का विचार इस प्रकार करते हैं—

पुत्र, स्त्री, भाई, धन आदि पदार्थ तो स्पष्टतया पर हैं। इनके प्रदेश ही मुझसे भिन्न हैं। इन पदार्थों की परिणति इनके अपने आश्रित है। ये सब अपने-अपने भाव से ही परिणमित होते हैं। शरीर अचेतन है और मैं चेतन हूँ। चेतन और अचेतन दोनों की परिणति एक-सी कैसे हो सकती है ? शरीर तो पूरण-गलन स्वभाव को धारण करता है और मैं आकाश की भाँति अज, अचल और अमल हूँ।

परपदार्थों का परिणमन न इष्ट है, न अनिष्ट है, अतः उसमें राग-द्वेष करना व्यर्थ है। राग-द्वेष करने से ज्ञान का नाश होता है और जीव बन्धनों में फँस जाता है। यदि वह जीव समभाव में लीन हो जाए, तो इसे मुक्ति की प्राप्ति हो जाए।

अहो, यह विषयचाहरूपी भयंकर अग्नि अपने ज्ञानरूपी अमृतसागर में जमे बिना बुझ नहीं सकती है। मैंने अब जिनवाणी कानों से सुनी है, अतः मुझे अब वही उपाय करना चाहिए जिससे विभाव मिट जावे।

कविवर दौलतराम कहते हैं कि हे सयाने चेतन ! अब यदि ऐसा दुर्लभ अवसर पाकर भी तूने आत्मकल्याण में विलम्ब कर दिया तो तुझे बहुत पश्चात्ताप होगा, अतः शीघ्र ही संसारभय से मुक्त हो।

(85)

मोही जीव भरम-तम तें नहिं, वस्तु-स्वरूप लखै है जैसे॥
जे जे जड़-चेतन की परिणति, ते अनिवार परिनवे वैसे।
वृथा दुखी शठ करि विकल्प यूँ, नहिं परिनवे परिनवे ऐसे॥
अशुचि सरोग समल जड़ मूरति, लखत-विलात गगन-घन जैसे।
सो तन ताहि निहारि अपनपो, चहत अबाध रहै थिर कैसे॥
सुत तिय बन्धु वियोग-योग यों, ज्यों सराय जन निकसे पैसें।
विलखत-हरखत शठ अपने लखि, रोवत-हँसत मत्तजन जैसे॥
जिन-रवि बैन-किरन लहि जिन निज, रूप सुभिन्न कियो पर में से।
सो जगमौल 'दौल' को चिर थित, मोह-विलास निकास हृदै से॥

अर्थ–मोही जीव अपने भ्रमरूपी अन्धकार के कारण वस्तु-स्वरूप को जैसा है, वैसा नहीं देख पाता।

चेतन और अचेतन पदार्थों की जो-जो परिणति हो रही है, वह वैसी ही हो रही है जैसी होनी है, उसे कोई बदल नहीं सकता; किन्तु यह मूर्ख व्यर्थ ही ऐसे विकल्प करके दुःखी होता है कि यह वस्तु ऐसे क्यों नहीं परिणमित हो रही है, ऐसे क्यों हो रही है, इसे ऐसे नहीं परिणमित होना चाहिए, इसे ऐसे परिणमित होना चाहिए।

यह शरीर अपवित्र है, रोगयुक्त है, मलिन है, जड़मूर्ति है और आकाश में बादलों की तरह क्षण-भर में दिखकर विलीन हो जानेवाला है; किन्तु यह मोही जीव उसमें अपनापन देखता है और चाहता है कि यह अबाधरूप से स्थिर कैसे रहे।

स्त्री-पुत्र व भाई-बन्धुओं का संयोग-वियोग तो वास्तव में ऐसा है जैसा कि धर्मशाला में यात्रियों का आवागमन, किन्तु यह मूर्ख उन्हें अपने मानकर उनके

वियोग-संयोग में इस प्रकार दुःखी-सुखी होता है, इस प्रकार रोता-हँसता है, जैसे कोई पागल हो।

कविवर दौलतराम कहते हैं कि जिन जीवों ने जिनेन्द्र भगवान रूपी सूर्य की वचनरूपी किरणों को प्राप्त करके पर में से अपना रूप भलीभाँति अलग कर लिया है, वे ही जगत के मुकुट हैं और उन्होंने ही अपने हृदय से अनादिकालीन मोह के विलास को बाहर निकाला है।

(86)

चिदराय गुण मुनो, सुनो प्रशस्त गुरु गिरा।
समस्त तज विभाव हो, स्वभाव में थिरा॥
निज भाव के लखाव बिन, भवाब्धि में परा।
जामन मरन जरा त्रिदोष, अग्नि में जरा॥
फिर सादि औ अनादि दो, निगोद में परा।
जहँ अंक के असंख्य भाग, ज्ञान ऊवरा॥
तहँ भव अन्तरमुहूर्त के, कहे गणेश्वरा।
छ्यासठ सहस त्रिशत छत्तीस, जन्म धर मरा॥
यों बसि अनन्त काल फिर, तहाँ तें नीसरा।
भू जल अनिल अनल प्रतेक तरु में तन धरा॥
अनुधरीर कुन्थु कानमच्छ अवतरा।
जल थल खचर कुनर नरक, असुर उपज मरा॥
अबके सुथल सुकुल सुसंग, बोध लहि खरा।
'दौलत' त्रिरत्न साध, लाध पद अनुत्तरा॥

अर्थ–हे जीव ! चैतन्यराज आत्मा के गुणों का मनन करो, सद्गुरु की मंगल वाणी सुनो और समस्त विभाव-भावों का त्याग करके अपने स्वभाव में स्थिर हो जाओ; क्योंकि अपने स्वभाव के दर्शन बिना ही तुम संसार-सागर में पड़े हो और जन्म-जरा-मरणरूपी त्रिदोष की अग्नि में जले हो।

हे जीव ! तुम अपने स्वभाव के दर्शन बिना ही नित्यनिगोद और इतरनिगोद में रहे हो, जहाँ तुम्हार ज्ञान अक्षर के असंख्यातवें भाग रह गया था। तीर्थंकर कहते हैं कि वहाँ पर तुम एक अन्तर्मुहूर्त में 66,336 बार जन्म धारण करके मरे हो।

हे जीव ! अनन्त काल निगोद में रहने के बाद जब तुम वहाँ से निकले तो तुमने पृथ्वी, जल, अग्नि, वायु और प्रत्येक वनस्पति के स्थावर शरीरों को धारण किया। उसके बाद तुमने अनुद्धरी (दो-इन्द्रिय जीव), कुन्थु (तीन-इन्द्रिय जीव) और काणमच्छ (चार-इन्द्रिय जीव) के रूप में जन्म लिया तथा उसके भी बाद तुम जलचर, थलचर, नभचर के रूप में तिर्यंच गति में, खोटी मनुष्य गति में, नरक गति में और असुर के रूप में देवगति में भी जन्म धारण कर-करके मरे हो।

किन्तु हे जीव ! अब तुम्हें उत्तम क्षेत्र, उत्तम कुल, सत्संगति और सच्चे ज्ञान की प्राप्ति हुई है, अतः अब सम्यग्दर्शन, सम्यग्ज्ञान और सम्यक्चारित्र की साधना करके शीघ्र मोक्षपद की प्राप्ति करो।

(87)

अपनी सुधि भूलि आप आप दुख उपायो।
ज्यों शुक नभ-चाल विसरि, नलिनी लटकायो॥
चेतन अविरुद्ध शुद्ध, दरश-बोधमय विशुद्ध।
तजि जड़ रस-फरस-रूप, पुदगल अपनायो॥
इन्द्रिय सुख-दुख में नित्त, पाग राग-रुख में चित्त।
दायक भव विपति-वृन्द, बन्ध को बढ़ायो॥
चाह-दाह दाहै, त्यागो न ताहि चाहै।
समता-सुधा न गाहै, जिन निकट जो बतायो॥
मानुष भव सुकुल पाय, जिनवर शासन लहाय।
'दौल' निज स्वभाव भज, अनादि जो न ध्यायो॥

अर्थ–यह जीव स्वयं अपने स्वभाव को भूलकर दुःख उठा रहा है। उसी प्रकार, जिस प्रकार कि तोता अपने आकाश-गमन-स्वभाव को भूलकर नलिनी से लटका रहकर दुःख उठाता है।[1] यद्यपि यह जीव चैतन्यस्वभाव से अविरुद्ध व

1. एक तोता अपने गुरु के पास से उड़कर जंगल में जाने लगा। गुरु ने उसे समझाया कि जंगल में शिकारी लोगों के चंगुल में मत फँस जाना, सावधान रहना; वे वहीं दाना बिछाकर नलिनी लगा देते हैं; तू वहाँ वह दाना मत चुगना; और कदाचित् दाना चुगे तो नलिनी पर मत बैठना; और कदाचित् नलिनी पर भी बैठ जाए तो बैठे मत रहना, तुरन्त उड़ जाना। तोता जंगल में गया, उसने दाना भी चुगा, नलिनी पर भी बैठा; पर बैठा ही रहा। उसने समझा कि मैं इससे लटक गया हूँ। वह भूल गया कि मेरा स्वभाव आकाश में उड़ने का है। यदि वह अपना आकाश-गमन-स्वभाव याद करे तो शीघ्र मुक्त हो जाए।

शुद्ध दर्शन-ज्ञानमय है, विशुद्ध है, फिर भी इसने अपना स्वभाव त्यागकर स्पर्श-रस-वर्ण-स्वभावी अचेतन पुद्गल को अपना रखा है। यह जीव आज तक हमेशा इन्द्रिय-सुख-दुख में ही लगा रहा है, अपने चित्त को राग-द्वेष में ही डुबोये रहा है, और संसार में दुःख-समूह को देनेवाले कर्मबन्ध को ही बढ़ाता रहा है। इच्छारूपी अग्नि इसे जला रही है, फिर भी यह उसे छोड़ना नहीं चाहता और जिसे जिनेन्द्रदेव ने अपने अति निकट बताया है उस समतारूपी अमृत में अवगाहन नहीं करता।

कविवर दौलतराम कहते हैं कि हे भाई ! अब इस मनुष्य भव, उत्तम कुल और जिनशासन को प्राप्त करके तू अपने उस आत्मस्वभाव का भजन कर, जिसे तूने अनादि काल से आज तक कभी नहीं ध्याया है।

(88)

आप भ्रम विनाश आप आप जान पायो,
कर्णधृत सुवर्ण जिम चितारि चैन थायो ॥
मेरो तन तनमय तन, मेरो मैं तन को,
त्रिकाल यूँ कुबोध नशि सुबोध-भानु जायो ॥
ये सु जैन बैन ऐन, चिन्तत पुनि-पुनि सुनैन,
प्रगटो अब भेद निज निवेद गुण बढ़ायो ॥
यों ही चित अचित मिश्र, ज्ञेय ना अहेय हेय,
ईंधन धनंजय जिम स्वामियोग गायो ॥
भँवर पोत छुटत झटित, वांछित तट निकटत जिम,
मोह राग रुख हर जिय शिवतट निकटायो ॥
विमल सौख्यमय सदीव, मैं हूँ मैं नहिं अजीव,
द्योत होत रज्जु में भुजंग-भय भगायो ॥
यों ही जिनचन्द सुगुन, चिन्तत परमारथ-चुन,
'दौल' भाग जागे अब अल्पपूर्व आयो ॥

अर्थ–अहो, आज मैंने स्वयं अपना भ्रम दूर करके अपने आपको जान लिया है और इससे मुझे उसी प्रकार शान्ति का अनुभव हुआ है, जिस प्रकार किसी बाहर ढूँढनेवाले व्यक्ति को अपना सोना अपने ही कान में देखकर होता है।

आज, शरीर मेरा है, मैं शरीरमय हूँ और मैं शरीर का हूँ—इत्यादि प्रकार का मेरा अज्ञान नष्ट हो गया है और सद्ज्ञानरूपी सूर्य उदित हो गया है। आज मैंने जिनेन्द्रदेव के परमसत्य वचनों का बार-बार भली प्रकार चिन्तन किया है, जिससे मेरे अन्दर भेदज्ञान प्रगट होकर आत्मज्ञान की वृद्धि हो गयी है।

जगत में जितने भी चेतन, अचेतन और मिश्र पदार्थ हैं, उनमें से न कोई उपादेय है और न हेय, अपितु वे सभी मात्र ज्ञेय हैं। उनका ज्ञान के साथ वैसा ही उत्तम योग है जैसा ईंधन और अग्नि का बताया गया है।

जिस प्रकार जहाज भँवर में से छूटने के बाद शीघ्र अपने इच्छित किनारे पर जा लगता है, उसी प्रकार यह जीव अपने मोह-राग-द्वेष को दूर करके शीघ्र मोक्ष के समीप पहुँच जाता है।

आज मैंने यह भलीभाँति जान लिया है कि मैं तो सदा अनन्त सुखमय तत्त्व हूँ, अजीव नहीं हूँ। इससे मेरा समस्त अज्ञान उसी प्रकार नष्ट हो गया है, जिस प्रकार प्रकाश होते ही रस्सी में सर्प होने का भय समाप्त हो जाता है।

कविवर दौलतराम कहते हैं कि आज जिनेन्द्रदेव के सच्चे गुणों का चिन्तन करने से मुझे परमार्थ की प्राप्ति हुई है और मेरे ऐसे भाग्य जगे हैं कि मेरा संसार-भ्रमण अति ही अल्प शेष रह गया है।

विशेष–इस पद में कविवर दौलतराम ने जो हेय-ज्ञेय-उपादेय की चर्चा की है, वह अत्यन्त सूक्ष्म एवं प्रयोजनभूत है। संक्षेप में उसका भाव यह है कि इस जगत में अनन्त पदार्थ हैं; परन्तु परमार्थ से उनमें न कोई हेय है और न कोई उपादेय। वे तो सभी मात्र ज्ञेय हैं। अतः उनको जानने में कोई दोष नहीं है। दोष तो मात्र मोह-राग-द्वेष करने में है। यदि यह जीव जगत के पदार्थों को जानते हुए मोह-राग-द्वेष न करे तो इसका सम्पूर्ण दुःख मिट सकता है और इसे सच्ची शान्ति का अनुभव हो सकता है।

(89)

आतम रूप अनूपम अद्भुत, याहि लखे भवसिन्धु तरो॥
अल्पकाल में भरत चक्रधर, निज आतम को ध्याय खरो।
केवलज्ञान पाय भवि बोधे, ततछिन पायो लोकशिरो॥
या बिन समझे द्रव्यलिंगि मुनि, उग्र तपन करि भार भरो।
नवग्रीवक पर्यंत जाय कर, फेरि भवार्णव माहिं परो॥

सम्यक दर्शन ज्ञान चरन तप, ये ही जगत में सार नरो।
पूरव शिव को गये जाँहिं अब, फिर जैहैं यह नियत करो॥
कोटि ग्रन्थ को सार यही है, ये ही जिनवानी उचरो।
'दौल' ध्याय अपने आतम को, मुक्ति रमा तव बेगि वरो॥

अर्थ–अहो, आत्मा का स्वरूप अनुपम है, अद्भुत है; जो जीव इसे देखते हैं वे संसार-सागर से पार हो जाते हैं।

भरत चक्रवर्ती ने इस आत्मा का सच्चा ध्यान किया था तो उनको अल्पकाल में केवलज्ञान की प्राप्ति हो गयी थी और उन्होंने भव्यजीवों को मोक्षमार्ग का उपदेश देकर शीघ्र ही लोक के अग्र भाग को प्राप्त कर लिया था।

आत्मज्ञान से रहित द्रव्यलिंगी मुनि घोर तप का बोझा ढोता है, आत्मज्ञान से रहित होने के कारण वह नवग्रैवेयक तक जाकर भी पुनः संसार-सागर में ही गिर पड़ता है।

हे मनुष्यो ! जगत में सारभूत पदार्थ केवल सम्यग्दर्शन, सम्यग्ज्ञान, सम्यक्चारित्र और सम्यक्तप ही हैं। जितने भी जीव भूतकाल में मोक्ष गये हैं, वर्तमान में जा रहे हैं और भविष्य में जाएँगे सो सब सम्यग्दर्शन, सम्यग्ज्ञान, सम्यक्चारित्र और सम्यक्तप का ही प्रभाव है–यह निश्चय समझ लो।

कविवर दौलतराम कहते हैं कि करोड़ों ग्रन्थों का सार यह एक आत्मतत्त्व ही है और जिनवाणी भी यही कहती है कि हे जीवो ! अपने आत्मा का ध्यान करो, ताकि तुम्हें शीघ्र मोक्षलक्ष्मी की प्राप्ति हो।

(90)

आपा नहिं जाना तूने कैसा ज्ञानधारी रे॥
देहाश्रित करि क्रिया आपको, माने शिवमगचारी रे।
निज-निवेद बिन घोर परीषह, विफल कही जिन सारी रे॥
शिव चाहे तो द्विविध कर्म तें, कर निज परिनति न्यारी रे।
'दौलत' जिन निजभाव पिछान्यो, तिन भव-विपति विदारी रे॥

अर्थ–हे भाई ! तू कैसा ज्ञानधारी है जो कि आज तक तूने अपने आपको ही नहीं जाना है ! तू देहाश्रित क्रियाओं को करके अपने आपको मोक्षमार्गी मान रहा है, किन्तु जिनेन्द्र भगवान ने तो आत्मज्ञान के बिना सारे घोर परिषह भी

निष्फल कहे हैं। अतः हे भाई ! यदि तू मुक्ति चाहता है तो द्रव्यकर्म एवं भावकर्म—दोनों से अपनी परिणति को अलग कर ले।

कविवर दौलतराम कहते हैं कि जिन जीवों ने अपने स्वभाव को पहिचाना है, उन्हीं ने अपने संसार-दुःखों का नाश किया है।

(91)

राचि रह्यो पर माहिं तू अपनो रूप न जाने रे।
अविचल चिन्मूरत बिनमूरत, सुखी होत तस ठाने रे॥
तन धन तात भ्रात सुत जननी, तू इनको निज जाने रे।
ये पर इनहिं वियोग-योग में, यों ही सुख-दुख माने रे॥
चाह न पाये पाये तृष्णा, सेवत ज्ञान जघाने रे।
विपतिखेत विधि-बन्ध-हेतु पै, जान विषय रसखाने रे॥
नरभव जिनश्रुत-श्रवण पाय अब, कर निज सुहित सयाने रे।
'दौलत' आतमज्ञान सुधा-रस, पीवो सुगुरु बखाने रे॥

अर्थ—हे चेतन ! तू परपदार्थों में मग्न हो रहा है और अपने स्वरूप को नहीं जानता है। अरे, तू तो वास्तव में ऐसा ध्रुव चैतन्यमयी अमूर्तिक आत्मा है, जिसमें लीन होकर पूर्ण सुखी हुआ जाता है।

हे चेतन ! तन, धन, माता, पिता, पुत्र, भाई-बन्धु आदि सब पर हैं, किन्तु तू उनको अपना समझता है और उनके संयोग-वियोग में व्यर्थ ही सुख-दुःख मानता है।

हे जीव ! ये इन्द्रिय-विषय इच्छा करने पर भी प्राप्त नहीं होते हैं, और यदि प्राप्त होते भी हैं तो तृष्णा को ही बढ़ाते हैं, इनके सेवन से अपना ज्ञान भी जघन्य होता है तथा ये घोर विपत्ति को भी उत्पन्न करनेवाले हैं और कर्मबन्ध के भी कारण हैं; तथापि तू इनको सुख के भण्डार समझता है।

कविवर दौलतराम कहते हैं कि हे सयाने भाई ! अब तो तूने मनुष्य-भव और जिनवाणी-श्रवण का उत्तम अवसर प्राप्त किया है, अतः अब तो अपना हित कर तथा सद्गुरु जिसका बखान करते हैं उस आत्मज्ञानरूपी अमृत का पान कर !

(92)

जीव ! तू अनादि ही तें भूल्यो शिव-गैलवा ॥
मोहमद वार पियो स्वपद विसार दियो,
पर अपनाय लियो इन्द्री-सुख में रचियो,
भव तें न भियो न तजियो मन मैलवा ॥
मिथ्या ज्ञान आचरण धरि करि कर कुमरण,
तीन लोक की धरनि तामें कियो है फिरन,
पायो न शरन न लहायो सुख-शैलवा ॥
अब नरभव पायो सुथल सुकुल आयो,
जिन-उपदेश भायो 'दौल' झट छिटकायो,
पर-परिणति दुखदायिनी चुरैलवा ॥

अर्थ–हे जीव ! तू अनादिकाल से ही मोक्षमार्ग को भूला हुआ है।

तूने मोहरूपी शराब पी रखी है, तू अपने आपको भूल गया है, तूने पर को अपना समझ रखा है, तू इन्द्रिय-सुखों में ही लीन हो रहा है, संसार से भयभीत नहीं होता है और अपने मन की मलिनता को नहीं छोड़ता है।

हे जीव ! तूने मिथ्यादर्शन-ज्ञान-चारित्र के कारण अनेक बार कुमरण करके तीनलोक की धरती पर बहुत भ्रमण किया है, किन्तु तुझे कहीं कोई शरण नहीं मिली है और न ही कहीं सुख-भण्डार की प्राप्ति हुई है।

कविवर दौलतराम कहते हैं कि हे जीव ! तूने अब मनुष्य भव पाया है, उत्तम देश और उत्तम कुल में जन्म लिया है, जिनेन्द्र भगवान का उपदेश भी तुझे सुहावना लगने लगा है; अतः अब तू शीघ्र मुक्ति का उपाय कर ! यह पर-परिणति अत्यन्त दुःखदायिनी चुड़ैल के समान है।

(93)

जानत क्यों नहिं रे हे नर ! आतम ज्ञानी।
रागद्वेष पुद्गल की सम्पति, निहचै शुद्ध निशानी ॥
जाय नरक पशु नर सुर गति में, यह परजाय विरानी।
सिद्ध स्वरूप सदा अविनाशी, मानत विरले प्रानी ॥

कियो न काहू हरै न कोई, गुरु-सिख कौन कहानी।
जनम-मरन मल रहित विमल है, कीच बिना ज्यों पानी॥
सार पदारथ है तिहुँ जग में, नहिं क्रोधी नहिं मानी।
'दौलत' सो घट माँहि विराजे, लखि हूजे शिवथानी॥

अर्थ–रे नर ! तू ज्ञानस्वभावी आत्मा को क्यों नहीं जानता है ? ये समस्त राग-द्वेष तो पुद्गल की सम्पत्ति हैं। ये वास्तव में आत्मा नहीं हैं। आत्मा तो निश्चय से शुद्ध चैतन्यचिह्नवाला है।

यह आत्मा जिन नरक, तिर्यंच, मनुष्य व देव गतियों में जाता है वे तो पर की पर्यायें हैं, आत्मा की नहीं। आत्मा तो एक ऐसा सिद्धस्वरूपी और सदा अविनाशी तत्त्व है कि विरले प्राणी ही उसकी श्रद्धा करते हैं।

आत्मा को कभी किसी ने बनाया नहीं है और उसे कभी कोई मिटा भी नहीं सकता है। गुरु और शिष्य की भी इसमें कोई कहानी नहीं है, क्योंकि वास्तव में न कोई किसी का गुरु है और न कोई किसी का शिष्य है। आत्मा तो कीचड़ से रहित पानी की भाँति जन्म-मरणरूपी मल से रहित स्वच्छ है।

आत्मा तीन लोक में सर्वश्रेष्ठ पदार्थ है। वह न क्रोधी है, न मानी; वह तो सर्वकषाय-रहित है।

कविवर दौलतराम कहते हैं कि हे भाई ! ऐसा आत्मा अपने हृदय में ही विराजमान है, अतः तू उसे देखकर मुक्त हो जा।

(94)

मानत क्यों नहिं रे हे नर ! सीख सयानी।
भयो अचेत मोहमद पी के, अपनी सुधि विसरानी॥
दुखी अनादि कुबोध-अव्रत तें, फिर तिनसों रति ठानी।
ज्ञानसुधा निजभाव न चाख्यो, पर-परनति मति सानी॥
भव असारता लखे न क्यों जहँ, नृप ह्वै कृमि विटथानी।
सधन निधन नृप दास स्वजन रिपु, दुखिया हरि-से प्रानी॥
देह एह गदगेह नेह इस, है बहु विपति निसानी।
जड़ मलीन छिनछीन करमकृत, बन्धन शिवसुख हानी॥
चाह-ज्वलन ईंधन विधि-वन घन, आकुलता-कुल खानी।
ज्ञानसुधा-सर शोषन रवि ये, विषय अमित मृतु दानी॥

यों लखि भव-तन-भोग विरचि करि, निजहित सुन जिनवानी।
तज रुष-राग 'दौल' अब अवसर, यह जिनचन्द्र बखानी॥

अर्थ–हे नर ! तू अच्छी शिक्षा को क्यों नहीं मानता है ? तू तो मोहरूपी मदिरा पीकर अचेत हो रहा है और अपने आपको भूल गया है।

तू अनादि काल से अज्ञान और अविरति के कारण दुःखी है, किन्तु फिर भी उन्हीं से प्रेम कर रहा है। तूने अपने ज्ञानस्वभावरूपी अमृत को तो चखा नहीं है और तेरी बुद्धि पर-परिणति में ही मग्न हो रही है।

हे भाई ! जहाँ राजा भी शौचालय का कीड़ा हो जाता है, धनवान भी निर्धन हो जाता है, राजा भी दास हो जाता है, मित्र भी शत्रु हो जाता है और कृष्ण जैसे प्राणी भी दुःखी हो जाते हैं, उस संसार को तू असार क्यों नहीं देखता है ?

यह शरीर रोगों का घर है और इससे प्रेम करना अनेक कष्टों का कारण है। यह शरीर जड़ है, अशुचि है, क्षणभंगुर है, कर्मकृत है, बन्धनरूप है और मोक्षसुख को नष्ट करनेवाला है।

ये विषय-भोग इच्छारूपी अग्नि के लिए ईंधन हैं, कर्मरूपी वन के लिए बादल हैं, आकुलता के वंश को उत्पन्न करने के लिए खान हैं, ज्ञानामृतरूपी सरोवर को सुखाने के लिए सूर्य हैं और अनन्त बार जन्म-मरण करानेवाले हैं।

कविवर दौलतराम कहते हैं कि हे भाई ! तू ऐसा जानकर संसार-शरीर-भोगों से विरक्त होकर जिनवाणी सुन, अपना आत्महित कर और राग-द्वेष का त्याग कर। तुझे अब बड़े अच्छे अवसर की प्राप्ति हुई है। भगवान चन्द्रप्रभ जिनेन्द्र ने भी यही कहा है।

(95)

छाँडत क्यों नहिं रे हे नर ! रीति अयानी।
बार बार सिख देत सुगुरु यह, तू दे आनाकानी॥
विषय न तजत न भजत बोध-व्रत, दुख-सुख जाति न जानी।
शर्म चहै न लहै शठ ज्यों, घृत हेतु बिलोवत पानी॥
तन धन सदन स्वजन जन तुझ सों, ये परजाय बिरानी।
इन परिणमन विनश उपजन सों, तैं दुख-सुखकर मानी॥

इस अज्ञान तें चिरदुख पाये, तिनकी अकथ कहानी।
ताको तज दृग-ज्ञान-चरन भज, निज परिणति शिवदानी॥
यह दुर्लभ नरभव सुसंग लहि, तत्त्व लखावन वानी।
'दौल' न कर अब पर में ममता, धर समता सुखदानी॥

अर्थ–हे नर ! तू अपनी अज्ञानदशा को क्यों नहीं छोड़ता है ? सद्गुरु तुझे बार-बार शिक्षा दे रहे हैं, किन्तु तू आनाकानी कर रहा है।

तू न तो विषयों का त्याग करता है, न सम्यग्ज्ञान एवं संयम की उपासना करता है और न ही दुःख एवं सुख का सच्चा स्वरूप जानता है। यही कारण है कि तू सुख चाहता है, किन्तु सुख की प्राप्ति नहीं कर पाता है; उसी प्रकार, जिस प्रकार कि कोई व्यक्ति घी के लिए पानी बिलोता है।

हे मनुष्य ! शरीर, धन, मकान, परिवार, मित्रादि तो तुझसे भिन्न पर्यायें हैं। तूने व्यर्थ ही उनके नष्ट और उत्पन्न होने को अपने दुःख-सुख का कारण मान रखा है और इसी अज्ञान के कारण तूने चिरकाल तक इतने दुःख प्राप्त किये हैं कि उनको कहा नहीं जा सकता। अतः अब तू अज्ञान को त्याग दे और सम्यग्दर्शन-ज्ञान-चारित्र की उपासना कर। यही आत्मपरिणति तुझे मुक्ति प्रदान करनेवाली है।

कविवर दौलतराम कहते हैं कि हे नर ! अब तो तूने इस दुर्लभ मनुष्य भव, सत्संगति और तत्त्वदर्शी जिनवाणी को भी प्राप्त कर लिया है, अतः अब तो तू पर में ममता करना छोड़ और सुखदायक समता को अंगीकार कर !

(96)

निपट अयाना तें आपा न जाना नाहक भरम भुलाना बे।
पीय अनादि मोहमद मोह्यो, परपद में निज माना बे॥
चेतन चिह्न भिन्न जड़ता सों, ज्ञान दरश रस-साना बे।
तन में छिप्यो लिप्यो न तदपि ज्यों, जल में कजदल माना बे॥
सकल भाव निज-निज परिणति में, कोई न होय विराना बे।
तू दुखिया परकृत्य मान ज्यों, नभ ताड़न श्रम ठाना बे॥
अजगण में हरि भूल अपनपो, भयो दीन हैराना बे।
'दौल' सुगुरु धुनि सुनि निज में निज, पाय लह्यो सुखथाना बे॥

अर्थ–हे जीव ! तू अत्यन्त अज्ञानी है, जो तूने स्वयं को नहीं जाना है। तू व्यर्थ ही भ्रम में भूला हुआ है। तू अनादिकाल से मोहरूपी मदिरा पीकर पागल हो रहा है और परपद को निजपद मान रहा है।

तेरा चिह्न तो चेतना है जो जड़ता से भिन्न है और ज्ञान-दर्शनमयी है। यद्यपि तू शरीर में छिपा हुआ है तथापि शरीर में मिलता नहीं है। जल में कमलपत्र की भाँति शरीर में रहता हुआ भी शरीर से भिन्न है।

हे जीव ! समस्त पदार्थ अपनी-अपनी परिणति में रहते हैं। कोई एक भी पदार्थ उससे अलग या बाहर नहीं होता, किन्तु तू पर के कार्य को अपना जानकर, आकाश पीटने की कोशिश करनेवाले के समान, व्यर्थ ही दुःखी होता है।

कविवर दौलतराम कहते हैं कि हे जीव ! बकरियों के झुण्ड में स्वयं को भूल जानेवाले सिंह के समान तू अपने आपको भूलकर दीन-दुखी हो रहा है, अतः अब सद्गुरु की आवाज सुनकर अपने आपको पहचान, ताकि तुझे तेरा अपना सुख-भण्डार प्राप्त हो।

(97)

निज[1] हित कारज करना, रे भाई ! निज हित कारज करना।
जनम मरन दुख पावत जातें, सो विधि-बन्ध कतरना॥
ज्ञान दरश अरु राग फरस रस, निज-पर चिह्न भ्रमरना।
सन्धि-भेद बुधि-छैनी तें करि, निज गहि पर परिहरना॥
परिग्रही अपराधी शंके, त्यागी अभय विचरना।
त्यों परचाह बन्धदुखदायक, त्यागत सब सुख भरना॥
जो भव-भ्रमन न चाहे तो अब, सुगुरु सीख उर धरना।
'दौलत' स्वरस सुधारस चाखो, ज्यों विनसे भव-भरना[2]॥

अर्थ–हे भाई ! आत्महित का कार्य कर ! आत्महित का कार्य कर !!

जिसके कारण तुझे जन्म-मरण का दुःख प्राप्त होता है, उस कर्मबन्धन को काट दे ! ज्ञान, दर्शन, राग, स्पर्श, रस आदि में से स्व और पर के चिह्नों को पृथक्-पृथक् जानकर अपना भ्रम दूर कर दे ! अपनी बुद्धिरूपी छैनी से उनमें सन्धिभेद करके, स्व को ग्रहण करके पर का परिहार कर दे।

पाठान्तर–1. नित। 2. भव-मरना।

हे भाई ! जो परिग्रही होता है, अपराधी होता है, वही शंकित (भयभीत) रहता है। त्यागी तो निर्भयतापूर्वक विचरण करता है। उसी प्रकार मात्र परपदार्थ की चाह ही बन्ध और दुःख को देनेवाली है। यदि उसका त्याग कर दिया जाए तो पूर्ण सुख की प्राप्ति हो सकती है।

कविवर दौलतराम कहते हैं कि हे भाई ! यदि तू संसार-भ्रमण नहीं चाहता है तो अब भी सद्गुरु की शिक्षा को अपने हृदय में धारण कर और आत्मानन्दरूपी अमृतरस का पान कर, ताकि तेरा संसार-दुःख समाप्त हो।

(98)

जिया तुम चालो अपने देस, शिवपुर थारो शुभथान।
लख चौरासी में बहु भटके, लह्यो न सुख को लेस॥
मिथ्या रूप धरे बहुतेरे, भटके बहुत विदेस।
विषयादिक से बहु दुख पाये, भुगते बहुत कलेस॥
भयो तिर्यंच नारकी नर सुर, करि करि नाना भेस।
'दौलतराम' तोड़ जग-नाता, सुनो सुगुरु उपदेस॥

अर्थ–हे जीव ! तुम अपने देश चलो। तुम्हारा अपना शुभ देश शिवपुर (मोक्ष) है, अतः वहीं चलो। यहाँ तो तुम चौरासी लाख योनियों में बहुत भटक चुके हो, किन्तु तुम्हें लेशमात्र भी सुख की प्राप्ति नहीं हुई है, अतः अब तो तुम अपने देश शिवपुर चलो।

हे जीव ! तुमने अनेकानेक मिथ्यारूपों को धारण करके यहाँ विदेशों में बहुत भ्रमण किया है, किन्तु यहाँ तुमने विषयों के कारण अनन्त दुःख ही उठाये हैं, भारी कष्ट ही सहन किये हैं; अतः अब तुम अपने उत्तम देश शिवपुर चलो।

कविवर दौलतराम कहते हैं कि हे जीव ! तुम यहाँ नाना भेष बना-बनाकर तिर्यंच, नारकी, मनुष्य और देव–सब बन चुके हो, अतः अब तो संसार से नाता तोड़ दो और सद्गुरु के उपदेश को सुनो–समझो।

(99)

रे नर ! भ्रमनींद क्यों न छाँड़त दुखदाई।
सेवत चिरकाल सोंज आपनी ठगाई॥
मूरख अघकर्म कहा भेदे नहिं मर्म लहा,
लागे दुख ज्वाल की न देह के तताई॥
जम के रव बाजते सु भैरव अति गाजते,
अनेक प्रान त्यागते सुने कहा न भाई॥
पर को अपनाय आप रूप को भुलाय हाय,
करन-विषय-दारु जार चाह-दौं बढ़ाई॥
अब सुनि जिनवान राग-द्वेष को जघान,
मोक्षरूप निज पिछान 'दौल' भज विरागताई॥

अर्थ–रे नर ! तू अपनी इस भ्रमरूपी निद्रा का त्याग क्यों नहीं करता है, जो अत्यन्त दुखदाई है ? अनादि काल से तूने इस भ्रमरूपी निद्रा का सेवन करते हुए ही अपनी सम्यक् आत्म-परिणति को खो रखा है।

रे मूर्ख ! क्या तेरे पापकर्म तेरे हृदय को नहीं भेदते हैं ? क्या दुःखरूपी अग्नि-ज्वाला की तपन भी तुझे नहीं जला रही है ? क्या तुझे यमराज के नगाड़ों की भयानक गर्जना भी नहीं सुनाई दे रही है ? प्रतिदिन अनेक लोग प्राण त्यागकर मर रहे हैं, क्या वह भी तुझे नहीं दिखाई दे रहा है ?

हे भाई ! तू पर को अपनाकर अपने स्वरूप को भूल गया है और अहो, इन्द्रियों के विषय रूपी ईंधन को जलाकर अपनी इच्छारूपी अग्नि को बढ़ा रहा है।

कविवर दौलतराम कहते हैं कि हे भाई ! अब तू जिनवाणी को सुन, राग-द्वेष को कम कर और मुक्तस्वरूपी आत्मा को पहचानकर पूर्ण वीतरागता की उपासना कर।

(100)

चेतन यह बुधि कौन सयानी, कही सुगुरु हित सीख न मानी।
कठिन काकताली ज्यों पायो, नरभव सुकुल श्रवन जिनवानी॥
भूमि न होत चाँदनी की ज्यों, त्यों नहिं धनी ज्ञेय को ज्ञानी।
वस्तु रूप यों तू यों ही शठ, हठ करि पकरत सोंज विरानी॥

ज्ञानी होय अज्ञान राग-रुख, करि निज सहज स्वच्छता हानी।
इन्द्रिय जड़ तिन विषय अचेतन, तहाँ अनिष्ट-इष्टता ठानी॥
चाहे सुख दुख ही अवगाहे, अब सुनि विधि जो है सुखदानी।
'दौल' आपकरि आप आप में, ध्याय लाय लय समरस सानी॥

अर्थ--हे चेतन ! यह तेरी कौन-सी चतुरबुद्धि है कि तू सद्गुरु की कल्याणकारी शिक्षा को नहीं स्वीकार करता है ? अरे, काकतालीय न्याय की भाँति बड़ी कठिनाई से तूने यह मनुष्य भव, उत्तम कुल और जिनवाणी-श्रवण का उत्तम अवसर प्राप्त किया है, अतः अब तो सद्गुरु की शिक्षा को स्वीकार कर !

हे चेतन ! वस्तु का स्वरूप तो यह है कि जिस प्रकार चाँदनी में प्रकाशित होनेवाली भूमि चाँदनी की नहीं होती, उसी प्रकार यह आत्मा ज्ञेय पदार्थों को जानता हुआ भी उनका स्वामी नहीं होता; किन्तु तू मूर्ख है, व्यर्थ ही हठ करके परपरिणति को पकड़ता है।

हे चेतन ! तू वास्तव में शुद्ध ज्ञानस्वभावी है, किन्तु अज्ञानमय राग-द्वेष करके तूने अपने ज्ञान की स्वच्छता कों नष्ट कर लिया है। इन्द्रियाँ तो जड़ हैं, उनके विषय भी अचेतन हैं, उनमें कोई भी इष्ट या अनिष्ट नहीं है, किन्तु तूने स्वयं ही उनमें इष्ट-अनिष्टपना मान रखा है।

हे चेतन ! तू चाहता तो सुख है, किन्तु पाता दुःख ही है, अतः अब सद्गुरु द्वारा बताए हुए इस सुखदायक उपाय को सुन एवं समझ कि यदि यह आत्मा स्वयं, स्वयं के द्वारा और स्वयं में ही ध्यानपूर्वक लीन हो जाए तो समतारस में निमग्न हो जाता है।

(101)

चेतन ! तैं यों ही भ्रम ठान्यो, ज्यों मृग मृग-तृष्णा जल जान्यो।
ज्यों निशि-तम में निरखि जेवरी, भुजग मान नर भय उर आन्यो॥
ज्यों कुध्यान वश महिष मान निज, फँसि नर उर माहीं अकुलान्यो।
त्यों चिर मोह-अविद्या पेर्‍यो, तेरो तैं ही रूप भुलान्यो॥
तोय-तेल ज्यों मेल न तन को, उपज-खपज में बहु दुख मान्यो।
पुनि परभावन को करता है, तैं तिनको निजकर्म पिछान्यो॥
नरभव सुथल सुकुल जिनवानी, काललब्धि बल योग मिलान्यो।
'दौल' सहज भज उदासीनता, रोष-तोष दुखकोष जु भान्यो॥

अर्थ–हे चेतन ! तुम व्यर्थ ही भ्रम में पड़े हुए हो।

जिस प्रकार मृगतृष्णा[1] को जल समझकर मृग दुःखी होता है, रात्रि के अन्धकार में रस्सी को सर्प समझकर कोई मनुष्य दुःखी होता है, विपरीत ध्यान के द्वारा स्वयं को भैंसा मानकर व अपने को कहीं फँसा हुआ समझकर कोई मानव बहुत आकुलित होता है; उसी प्रकार अनादिकाल से मिथ्यात्व और अज्ञान के वशीभूत होकर तुम स्वयं अपना स्वरूप भूल गये हो।

हे चेतन ! शरीर का संयोग तो जल में तेल की भाँति है, अर्थात् तुमसे अत्यन्त पृथक्रूप है, किन्तु तुम उसके जन्म-मरण में बहुत दुःख मान रहे हो तथा परभावों के कर्ता बनकर उनको अपना कर्म समझ रहे हो।

कविवर दौलतराम कहते हैं कि हे चेतन ! अब तुम्हें काललब्धि के बल से मनुष्य भव, उत्तम क्षेत्र, उत्तम कुल और जिनवाणी का उत्तम योग प्राप्त हुआ है; अतः अब तुम सहज उदासीनता का सेवन करो और जो दुःख के भण्डार हैं, ऐसे राग-द्वेष को नष्ट करो।

(102)

चेतन ! कौन अनीति गही रे, न मानत सुगुरु कही रे।
जिन विषयनि वश बहु दुख पायो, तिनसों प्रीति ठही रे॥
चिन्मय है देहादि जड़नि सों, तो मति पागि रही रे।
सम्यग्दर्शन-ज्ञान भाव निज, तिनको गहत नहीं रे॥
जिनवृष पाय विहाय राग-रुष, निज हित हेतु यही रे।
'दौलत' जिन यह सीख धरी उर, तिन शिव सहज लही रे॥

अर्थ–हे चेतन ! तुमने यह कैसा अन्याय कर रखा है कि तुम सद्गुरु की आज्ञा को नहीं मानते हो और जिन पंचेन्द्रिय-विषयों के वशीभूत होकर तुमने बहुत दुःख उठाया है, उन्हीं से प्रीति कर रहे हो !

हे चेतन ! तुम चैतन्यमय हो, फिर भी तुम्हारी बुद्धि शरीरादि जड़ पदार्थों में रमण कर रही है तथा जो सम्यग्दर्शन, सम्यग्ज्ञान आदि अपने भाव हैं, उनको तुम ग्रहण नहीं कर रहे हो।

---

1. जल की लहरों की वह मिथ्या प्रतीति जो कभी-कभी ऊसर या रेतीले मैदानों में कड़ी धूप पड़ने पर होती है।

कविवर दौलतराम कहते हैं कि हे चेतन ! जिनधर्म को पाकर सब प्रकार के राग-द्वेष का त्याग कर देना ही आत्मकल्याण का एकमात्र उपाय है और इस शिक्षा को जिन भव्य जीवों ने अपने हृदय में धारण किया है, उनको सहज ही मोक्षपद की प्राप्ति हो गयी है।

(103)

न मानत यह जिय निपट अनारी, सिख देत सुगुरु हितकारी।
कुमति कुनारि संग रति मानत, सुमति सुनारि विसारी॥
नर परजाय सुरेश चहैं सो, चखि विष-विषय बिगारी।
त्याग अनाकुल ज्ञान चाह, पर आकुलता विसतारी॥
अपनी भूल आप समता निधि, भवदुख भरत भिखारी।
परद्रव्यन की परिणति को शठ, वृथा बनत करतारी॥
जिस कषाय[1] दव जरत तहाँ, अभिलाष छटा घृत डारी।
दुख सों डरै करै दुख-कारन, तैं नित प्रीति करारी॥
अति दुर्लभ जिनवैन श्रवन कर, संशय-मोह निवारी।
'दौल' स्व-पर हित-अहित जानके, होवहु शिवमगचारी॥

अर्थ–अहो ! सद्‌गुरु कल्याणकारी शिक्षा दे रहे हैं, किन्तु यह जीव अत्यन्त अनाड़ी (अज्ञानी) है जो उस शिक्षा को नहीं मानता।

यह जीव सुबुद्धिरूपी सुन्दर स्त्री को तो भूल गया है और कुबुद्धिरूपी बुरी स्त्री के साथ रहकर सुख मान रहा है। जिस मनुष्य पर्याय को इन्द्र भी चाहता है उसे विषयरूपी विष खाकर बिगाड़ रहा है। अपने अनाकुल ज्ञान की अभिलाषा का तो इसने त्याग कर रखा है और परपदार्थ-विषयक आकुलता बढ़ा रखी है। यह जीव यद्यपि स्वयं समतारूपी वैभव का भण्डार है, किन्तु उसे भूलकर भिखारी बन संसार के दुःखों को सहन कर रहा है। यह मूर्ख जीव व्यर्थ ही परपदार्थों की परिणति का कर्ता बन रहा है और इस प्रकार अपने अन्दर जो कषाय की आग जल रही है उसमें इच्छारूपी घी डालकर उसे और अधिक बढ़ाने का काम कर रहा है। यह जीव यद्यपि दुःख से डरता है, फिर भी सदैव दुःख के कारणों से ही प्रबल अनुराग करता है।

पाठान्तर–1. कारण।

कविवर दौलतराम कहते हैं कि हे जीव ! इस अत्यन्त दुर्लभ जिनवाणी को सुनकर संशय-मोह को दूर कर तथा स्व, पर, हित, अहित आदि को भली प्रकार जानकर मोक्षमार्ग में विचरण कर।

(104)

चेतन ! अब धरि सहज समाधि, जातें यह विनसे भव-व्याधि ॥
मोह ठगोरी खाय के रे, पर को आपा जान।
भूल निजातम ऋद्धि को तैं, पाये दुःख महान ॥
सादि-अनादि निगोद दोय में, पर्‍यो कर्मवश जाय।
श्वास-उसास मँझार तहाँ भव-मरन अठारह थाय ॥
काल अनन्त तहाँ यों बीता, जब भई मन्द कषाय।
भू जल अनिल अनल पुनि तरु है, काल असंख्य गमाय ॥
क्रम-क्रम निकसि कठिन तें पाई, शंखादिक पर्याय।
जल-थल-खचर होय अघ ठाने, तसवश श्वभ्र लहाय ॥
तित सागर लों बहुदुख पाये, निकसि कबहु नर थाय।
गर्भ जन्म शिशु तरुण वृद्ध दुख, सहे कहे नहिं जाय ॥
कबहूँ किंचित पुण्य-पाक से, चउविधि देव कहाय।
विषय-आश मन त्रास लही तहँ, मरन-समय विललाय ॥
यों अपार भव खार वारि में, भ्रम्यो अनन्ते काल।
'दौलत' अब निजभाव नाव चढ़ि, लै भवाब्धि की पाल ॥

अर्थ–हे चेतन ! अब तू सहज समाधि को धारण कर, ताकि तेरा यह संसार-रोग नष्ट हो जाय।

हे चेतन ! तूने इस संसार में मोह-ठगोरी खाकर पर को अपना समझा है और अपने आत्मवैभव को भूलकर अपार दुःख सहन किया है।

हे चेतन ! तू कर्माधीन होकर नित्यनिगोद और इतर निगोद में पड़ा रहा, जहाँ एक श्वासोच्छ्वास में अठारह बार जन्म-मरण होता है। वहाँ तूने अनन्त काल व्यतीत किया। उसके बाद जब कुछ मन्द कषाय हुई तब तू वहाँ से निकला और पृथ्वी, जल, अग्नि, वायु एवं वनस्पति में आकर तूने असंख्य काल व्यतीत किया।

पुनश्च, क्रम-क्रम करके तू वहाँ से भी बाहर निकला और तुझे बड़ी कठिनाई से शंखादि (दो-इन्द्रियादि जीव) की अवस्थाएँ प्राप्त हुईं। यहाँ तू कभी जलचर हुआ, कभी थलचर हुआ और कभी नभचर; परन्तु तूने इतने पाप किये कि उनके कारण तुझे नरक की प्राप्ति हुई। नरक में तूने कई सागरोपम काल तक अनन्त दुःख सहन किये।

उसके बाद बड़े सद्भाग्य से तू नरक से निकला और मनुष्यगति पायी; किन्तु मनुष्यगति में भी तूने गर्भ, जन्म, बाल, युवा और वृद्ध अवस्था के इतने दुःख सहन किये कि उनको वचनों से कहा नहीं जा सकता।

उसके बाद किसी पुण्योदय से तू चतुर्विध देवगति में पहुँचा, किन्तु वहाँ भी तूने विषयाभिलाषा के कारण घोर मानसिक दुःख सहन किया और मृत्यु आने पर घोर विलाप किया।

कविवर दौलतराम कहते हैं कि हे चेतन ! इस प्रकार अनन्तकाल तक तू इस दुःखमयी अपार संसार-सागर में भ्रमण करता रहा है; अतः अब तो आत्मभावनारूपी नौका पर चढ़कर संसार-सागर का किनारा प्राप्त कर।

(105)

तोहि समझायो सौ सौ बार, जिया तोहि समझायो सौ सौ बार।
देख सुगुरु की परहित में रति, हित उपदेश सुनायो॥
विषय-भुजंग सेय दुख पायो, पुनि तिनसों लिपटायो।
स्वपद विसार रच्यो परपद में, मद-रत ज्यों बौरायो॥
तन धन स्वजन नहीं हैं तेरे, नाहक नेह लगायो।
क्यों न तजे भ्रम चाख समामृत, जो नित सन्त सुहायो॥
अबहूँ समझ कठिन यह नरभव, जिनवृष बिना गमायो।
ते विलखे मणि डाल उदधि में, 'दौलत' सो पछितायो॥

अर्थ–हे जीव ! तू देख तो सही, सुगुरु को दूसरों का कल्याण करने की कितनी भावना रहती है, जो कि उन्होंने तुझे सैकड़ों बार समझाया है, तेरे हित का उपदेश सुनाया है।

तूने विषयरूपी भुजंगों का सेवन करके बहुत दुःख पाया है, लेकिन फिर भी तू उन्हीं से लिपटा हुआ है। तू अपने वास्तविक पद (स्वरूप) को भूलकर परपद में ही ऐसा लीन हो रहा है, ऐसा पागल हो रहा है मानो शराब में धुत्त हो।

हे जीव ! शरीर, धन, मित्र आदि तेरे नहीं हैं, तूने उनसे व्यर्थ ही स्नेह कर रखा है। तू अपने भ्रम को क्यों नहीं छोड़ता है ? अर्थात् छोड़ दे और उस समतारूपी अमृत का पान कर जो सन्तों को सदा सुहावना लगता है।

हे भाई ! अब भी समझ ले। यह मनुष्य भव बहुत दुर्लभ है। जो जीव इसे जिनधर्म की आराधना के बिना गँवा देते हैं, वे उसी प्रकार बिलखते हैं—अत्यन्त पश्चात्ताप करते हैं, जिस प्रकार कोई मणि को महासागर में फेंककर दुःखी होता है।

(106)

हो तुम शठ अविचारी जियरा, जिनवृष पाय वृथा खोवत हो।
पी अनादि मदमोह स्वगुन निधि, भूल अचेत नींद सोवत हो॥
स्वहित सीख वच सुगुरु पुकारत, क्यों न खोल उर-दृग जोवत हो ?
ज्ञान विसारि विषय-विष चाखत, सुरतरु जारि कनक बोवत हो॥
स्वारथ सगे सकल जन कारन, क्यों निज पाप-भार ढोवत हो ?
नरभव सुकुल जैनवृष नौका, लहि निज क्यों भवजल डोवत हो ?
पुण्य-पाप-फल वात-व्याधि वश, छिन में हँसत छिनक रोवत हो।
संयम-सलिल लेय निज उर के, कलि-मल क्यों न 'दौल' धोवत हो ?

अर्थ—हे जीव ! तुम वास्तव में बड़े मूर्ख और अविचारी हो, जो जिनधर्म को पाकर भी व्यर्थ खो रहे हो। तुम अनादिकाल से मोहरूपी मदिरा पी रखी है और तुम अपने अनन्त गुणों के भण्डार को भूलकर अत्यन्त गहरी नींद में सो रहे हो।

हे जीव ! सद्गुरुदेव तुम्हें आत्महित की शिक्षा देते हुए पुकार रहे हैं, तुम अपने हृदय की आँखें खोलकर क्यों नहीं देखते हो ? तथा तुम अपने ज्ञान को भूलकर जो विषयरूपी विष का भक्षण कर रहे हो, सो ऐसा है मानो कल्पवृक्ष को जलाकर धतूरा बो रहे हो।

हे जीव ! संसार में सभी लोग स्वार्थ के सगे हैं। तुम उनके कारण अपने ऊपर पाप का बोझा क्यों ढो रहे हो ? मनुष्य भव, उत्तम कुल और जिनधर्म रूपी नौका को पाकर भी अब तुम अपने आपको संसार-सागर में क्यों डुबो रहे हो ?

तुम पुण्य-पाप के फलरूपी वातरोग से पीड़ित हो, अतः क्षण में हँसते हो और क्षण में रोते हो।

कविवर दौलतराम कहते हैं कि हे जीव ! तुम संयमरूपी जल लेकर अपने हृदय के पापरूपी मल को क्यों नहीं धोते हो ?

(107)

मान ले या सिख मोरी, झुकै मत भोगन ओरी॥
भोग भुजंग-भोग सम जानो, जिन इनसे रति जोरी।
ते अनन्त भव भीम भरे दुख, परे अधोगति पोरी।
बँधे दृढ़ पातक डोरी॥
इनको त्याग विरागी जे जन, भये ज्ञान वृष धोरी।
तिन सुख लियो अचल अविनाशी, भवफाँसी दई तोरी।
रमैं तिन संग शिव-गोरी॥
भोगन की अभिलाष हरन को, त्रिजग सम्पदा थोरी।
यातें ज्ञानानन्द 'दौल' अब, पियौ पियूष-कटोरी।
मिटै भव-व्याधि कठोरी॥

अर्थ–हे भाई ! तू मेरी सीख मान ले, भोगों की ओर मत झुक।

इन भोगों को तू साँप के फण के समान समझ। जिन जीवों ने इन भोगों से प्रेम किया है वे महापापरूपी मजबूत डोरी से बँधकर अनन्त भवों के लिए भयंकर दुःखों से भरी हुई अधोगति में गिर पड़े हैं। तथा इसके विपरीत, जिन जीवों ने इन भोगों को त्यागकर विरागी होकर ज्ञान-चारित्र को धारण किया है, उन्होंने ही अचल अविनाशी सुख की प्राप्ति की है और संसार के बन्धनों को तोड़ा है। मुक्तिरूपी स्त्री उनके साथ रमण करती है।

कविवर दौलतराम कहते हैं कि हे भाई ! भोगों की इच्छा मिटाने के लिए तो तीन लोक की सम्पत्ति भी थोड़ी ही है, अतः ज्ञानानन्द रूपी अमृत की कटोरी का पान कर, ताकि तेरी यह भयंकर संसार-व्याधि मिट जाय।

(108)

छाँड़ि दे या बुधि भोरी, वृथा तन से रति जोरी॥
यह पर है, न रहै थिर पोषत, सकल कुमल की झोरी।

यासों ममता करि अनादि से, बँधो करम की डोरी।
सहै दुख-जलधि हिलोरी॥
ये जड़ है तू चेतन यों ही, अपनावत बरजोरी।
सम्यक दर्शन-ज्ञान-चरन निधि, ये हैं सम्पति तोरी।
सदा विलसो शिवगोरी॥
सुखिया भये सदीव जीव जिन, यासों ममता तोरी।
'दौल' सीख यह लीजे पीजे, ज्ञान-पियूष कटोरी।
मिटै पर-चाह कठोरी॥

अर्थ–हे भाई ! तू अपनी यह भोली बुद्धि (अज्ञान दशा) छोड़ दे, जिसके कारण तूने व्यर्थ ही शरीर से प्रेम जोड़ रखा है।

यह शरीर पर है, पोषण करने पर भी स्थिर नहीं रहता है और सारी गन्दगियों का थैला है। तू इससे ममता करने के कारण ही अनादि काल से कर्म की डोरी से बँधा हुआ दुःख-सागर की हिलोरें सहन कर रहा है।

हे भाई ! ये शरीर तो जड़ है, अचेतन है, जबकि तू तो चेतन है, किन्तु तू इसे यों ही जबरदस्ती अपना मान रहा है। तेरी सम्पत्ति तो वास्तव में सम्यग्दर्शन, सम्यग्ज्ञान और सम्यक्चारित्ररूपी धन है, जिससे तू सदा मुक्तिरूपी स्त्री के साथ विलास कर सकता है।

कविवर दौलतराम कहते हैं कि हे भाई ! जिन जीवों ने इस शरीर से ममता तोड़ दी है, उन्होंने ही शाश्वत सुख प्राप्त कर पाया है, अतः तू भी यह शिक्षा ग्रहण कर और ज्ञानामृत की कटोरी पी, ताकि परद्रव्य की यह कठोर चाह समाप्त हो जाय।

(109)

हे मन ! तेरी को कुटेव यह, करन-विषय में धावे है॥
इनही के वश तू अनादि तें, निज स्वरूप न लखावे है।
पराधीन छिनछीन समाकुल, दुर्गति-विपति चखावे है॥
फरस विषय के कारन वारन, गरत परत दुख पावे है।
रसना इन्द्रीवश झष जल में, कण्टक कण्ठ छिदावे है॥
गन्धलोल पंकज मुद्रित में, अलि निज प्राण खपावे है।
नयन विषयवश दीपशिखा में, अंग पतंग जरावे है॥

करन विषयवश हिरन अरन में, खलकर प्राण लुनावे है।
'दौलत' तज इनको जिन को भज, यह गुरु सीख सुनावे है॥

अर्थ–हे मन ! यह तेरी कैसी बुरी आदत है कि तू इन्द्रिय-विषयों में दौड़ लगाता है ! तू अनादि काल से इन्हीं के वशीभूत होने के कारण अपने वास्तविक स्वरूप को नहीं देख पा रहा है।

हे मन ! ये इन्द्रिय-विषय पराधीन हैं, क्षणभंगुर हैं, आकुलता पैदा करनेवाले हैं और दुर्गति के दुःखों का अनुभव करानेवाले हैं।

हे मन ! स्पर्शन इन्द्रिय के विषय के कारण हाथी गड्ढे में पड़कर बहुत दुःख पाता है। रसना इन्द्रिय के वशीभूत होकर मछली जल में रहती हुई भी काँटे से अपना कण्ठ छिदवाती है। गन्ध-लोलुपी भ्रमर बन्द कमल में अपने प्राण झोंक देता है। नेत्र इन्द्रिय के विषयवश पतंगा दीपक की लौ पर गिरकर अपना शरीर जला देता है। कर्ण इन्द्रिय के विषयवश हिरण जंगल में दुष्टों के चंगुल में फँसकर अपने प्राण गँवा देता है।

कविवर दौलतराम कहते हैं कि हे मन ! सद्गुरु तुझे ऐसी शिक्षा सुना रहे हैं कि तू इन इन्द्रिय-विषयों का त्याग कर दे और जिनेन्द्र भगवान का भजन कर।

(110)

हे हितवांछक प्रानी रे ! कर यह रीति सयानी।
श्रीजिन चरन चितार धार गुन, परम विराग विज्ञानी॥
हरन भयामय स्व-पर दयामय, सरधौ वृष सुखदानी।
दुविध उपाधि बाध शिवसाधक, सुगुरु भजौ गुणथानी॥
मोह-तिमिर-हर मिहिर भजो श्रुत, स्यात्पद जास निशानी।
सप्त तत्त्व नव अर्थ विचारहु, जो बरनै जिनवानी॥
निज पर भिन्न पिछान मान पुनि, होहु आप सरधानी।
जो इनको विशेष जाने[1] सो, ज्ञायकता मुनि मानी॥
फिर व्रत-समिति-गुपति सजि अरु तजि, प्रवृति शुभास्रव दानी।
शुद्ध स्वरूपाचरन लीन है, 'दौल' वरो शिवरानी॥

पाठान्तर–1. जानन।

अर्थ–हे अपना हित चाहनेवाले प्राणियो ! निम्नलिखित अच्छे कार्य करो–

परम वीतरागी एवं सर्वज्ञ श्री जिनेन्द्रदेव के चरणों का स्मरण करो, उनके गुणों को धारण करो, भयरूपी रोग को दूर करनेवाले एवं सुखदायक स्वपर-दयामयी धर्म का श्रद्धान करो, बाह्याभ्यन्तर परिग्रह से रहित मोक्षमार्गी और महागुणी सद्गुरुओं की भक्ति करो, मोहरूपी अन्धकार को दूर करने के लिए जो सूर्य के समान है और 'स्यात्' पद ही जिसका चिह्न है–ऐसे शास्त्र की उपासना करो, जिनवाणी में वर्णित सप्ततत्त्वों एवं नवपदार्थों का विचार करो, स्व और पर को भिन्न-भिन्न पहचानो और फिर अपने आप का श्रद्धान करो। तथा यदि सप्ततत्त्वों एवं नवपदार्थों के विशेष भी जाने जाएँ तो वह भी ज्ञान करने के लिए ठीक है–ऐसा मुनियों ने कहा है।

कविवर दौलतराम कहते हैं कि हे प्राणी ! इसके बाद तुम व्रत-समिति-गुप्ति से शोभायमान होओ; और फिर समस्त शुभास्रवकारी प्रवृत्ति का भी त्याग करके शुद्ध स्वरूपाचरण में लीन होकर मुक्तिरानी का वरण करो।

(111)

तू काहे करत रति तन में, यह अहितमूल जिम कारा-सदन।
चरम-पिहित पल-रुधिर लिप्त मलद्वार स्रवें छिन-छिन में।
आयु-निगड़ फँसि विपति भरे सो, क्यों न चितारत मन में॥
सुचरण लाग त्याग अब याको, जो न भ्रमै भव-वन में।
'दौल' देह सों नेह देह को, हेतु कह्यो ग्रन्थन में॥

अर्थ–हे जीव ! तू इस शरीर से अनुराग क्यों करता है ? यह शरीर तो कारागार की भाँति तेरे अकल्याण का मूल है।

यह शरीर चर्म से ढके हुए खून-माँस से बना हुआ है। इससे निरन्तर मल के द्वार बहते रहते हैं।

हे जीव ! तू अपने मन में ऐसा विचार क्यों नहीं करता कि तू इसमें आयु कर्मरूपी साँकल से बँधकर अनेक कष्टों को सहन कर रहा है ?

हे जीव ! अब तू सच्चे देव-गुरु के श्रीचरणों में लग जा और इस देह के अनुराग का त्याग कर दे, ताकि तुझे संसार में भ्रमण न करना पड़े।

कविवर दौलतराम कहते हैं कि देह का अनुराग ही शास्त्रों में देह का कारण बताया गया है।

मत राचो धी-धारी ! भव रम्भ थम्भ सम जानके॥
इन्द्रजाल को ख्याल मोह-ठग, विभ्रम-पास पसारी।
चहुँगति विपतिमयी जामें जन, भ्रमत भरत दुख भारी॥
रामा माँ माँ वामा सुत पितु, सुता श्वसा अवतारी।
को अचंभ जहाँ आप आपके, पुत्र दशा विसतारी॥
घोर नरकदुख ओर न छोर न, लेश न सुख विसतारी।
सुर नर प्रचुर विषय जुर जारे, को सुखिया संसारी॥
मण्डल है आखण्डल छिन में, नृप कृमि सधन भिखारी।
जा सुत विरह मरी हुई बाघिन, ता सुत देह विदारी॥
शिशु न हिताहित ज्ञान तरुण उर, मदन-दहन परजारी।
वृद्ध भये विकलांगी थाये, कौन दशा सुखकारी॥
यों असार लखि छार भव्य झट, भये मोखमगचारी।
यातें होहु उदास 'दौल' अब, भज जिनवर जगतारी॥

अर्थ–हे बुद्धिमान भाइयो ! इस संसार को केले के थम्भ के समान असार समझकर इसमें अनुरक्त मत होओ। यहाँ मोहरूपी ठग ने इन्द्रजाल के समान विभ्रमरूपी जाल फैला रखा है। यहाँ अपार दुःखों से भरी हुई चार गतियाँ हैं जिनमें प्राणी भ्रमण कर रहे हैं और घोर दुःख सहन कर रहे हैं। यहाँ–इस संसार में–कभी पत्नी मरकर माता हो जाती है और कभी माता मरकर पत्नी हो जाती है, कभी पुत्र मरकर पिता हो जाता है और कभी पुत्री मरकर बहिन हो जाती है। यहाँ तक कि कभी स्वयं ही स्वयं का पुत्र हो जाता है, इसमें क्या आश्चर्य है ? यहाँ नरकगति में दुःख तो इतना घोर है कि जिसका कोई ओर-छोर नहीं है परन्तु सुख लेशमात्र भी नहीं है। देव और मनुष्य भी यहाँ विषय-ज्वर में जल रहे हैं। संसारियों में सुखी कौन है ? इस संसार की विडम्बना तो देखो ! यहाँ इन्द्र क्षण भर में कुत्ता बन जाता है, राजा कीड़ा बन जाता है और धनवान भिखारी बन जाता है। यहाँ तक कि जिस पुत्र के वियोग में मरकर बाघिन हुई थी, उसी पुत्र के शरीर को चीर दिया था !!

यहाँ इस संसार में बाल्यावस्था में तो हिताहित का कुछ ज्ञान ही नहीं होता है, तरुणावस्था में हृदय काम की अग्नि से जलता रहता है और वृद्धावस्था में विकलांग हो जाता है। सुखकारी अवस्था कौन है ?

कविवर दौलतराम कहते हैं कि हे भाई ! भव्य जीव तो इस संसार को उक्त

प्रकार से असार और राख के समान देखकर शीघ्र मोक्षमार्गी हो गये हैं, अतः तुम भी इस संसार से उदास होकर संसार-तारक जिनेन्द्र भगवान का भजन करो।

(113)

मत कीजो जी यारी, घिनगेह देह जड़ जानके॥
मात तात रज वीरज सों यह, उपजी मल-फुलवारी।
अस्थिमाल पल नसाजाल की, लाल-लाल जल क्यारी॥
कर्म कुरंगथली पुतली यह, मूत्र पुरीष भण्डारी।
चर्म मँढी रिपु कर्म घढी धन-धर्म चुरावन हारी॥
जे जे पावन वस्तु जगत में, ते इस सर्व बिगारी।
स्वेद मेद कफ क्लेदमयी बहु, मद-गद-व्याल पिटारी॥
जा संयोग रोग भव तौलों, जा वियोग शिवकारी।
बुध तासों न ममत्व करें, यह मूढ़मतिन को प्यारी॥
जिन पोषी ते भये सदोषी, तिन पायो दुख भारी।
जिन तप ठान ध्यान कर शोषी, तिन परनी शिवनारी॥
सुरधनु शरद-जलद जल-बुदबुद, त्यों झट विनशनहारी।
यातें भिन्न जान निज चेतन, 'दौल' होहु शम-धारी॥

अर्थ—हे भाइयो ! इस शरीर से अनुराग मत करो, अपितु इसे घिनावना (अशुचि) और अचेतन समझो। यह शरीर माता-पिता के रज-वीर्य से उत्पन्न हुई एक ऐसी गन्दी फुलवारी है, जिसमें लाल-लाल पानी से भरी हुई हड्डी, मांस, नस आदि की क्यारियाँ हैं। यह शरीर कर्म की अशुभ रंगस्थली पर नाचनेवाली एक ऐसी पुतली है जो मल एवं मूत्र का भण्डार है। यह चर्म से ढकी हुई है, कर्मशत्रु द्वारा निर्मित है और धर्मरूपी धन को चुरानेवाली है। जगत में जितनी भी पवित्र वस्तुएँ हैं, उन सबको यह शरीर गन्दा कर देता है। यह शरीर पसीना, चरबी, कफ और मवाद स्वरूपी है तथा भयंकर रोगरूपी सर्पों का पिटारा है। जब तक इसका संयोग है, तभी तक संसार-रोग रहता है। इसका वियोग तो मोक्ष प्रदान करनेवाला है। अतः ज्ञानी जीव इस शरीर से ममत्व नहीं करते। यह तो केवल अज्ञानियों को ही प्यारा लगता है। आज तक जिन जीवों ने इस शरीर का पोषण किया है वे ही दोषी बने हैं और उन्होंने ही घोर दुःख प्राप्त किया है। इसके

विपरीत, जिन जीवों ने तप, ध्यान आदि के द्वारा इसका शोषण किया है, उन्होंने मुक्ति-स्त्री को प्राप्त कर लिया है।

कविवर दौलतराम कहते हैं कि हे भाइयो ! यह शरीर इन्द्रधनुष, शीतकाल के मेघ और पानी के बुलबुले की भाँति शीघ्र नष्ट हो जानेवाला है; अतः अपने आपको इस शरीर से भिन्न पहचानो और शान्तभाव के धारक हो जाओ।

(114)

मत कीजो जी यारी, यह भोग भुजग सम जानके ॥
भुजग डसत इक बार नसत हैं, ये अनन्त मृतुकारी।
तिसना-तृषा बढ़े इन सेये, ज्यों पीये जल खारी ॥
रोग वियोग शोक वन को घन, समता-लता कुठारी।
केहरि करी-अरी न देत ज्यों, त्यों ये दे दुख भारी ॥
इनमें रचे देव तरु थाये, पायो श्वभ्र मुरारी।
जे विरचे ते सुरपति अरचे, परचे सुख अविकारी ॥
पराधीन छिनमाँहि छीन ह्वैं, पापबन्ध करतारी।
इन्हें गिनें सुख आक माँहि तिन, आम्र तनी बुधि धारी ॥
मीन मतंग पतंग भृंग मृग, इन वश भये दुखारी।
सेवत ज्यों किंपाक ललित, परिपाक समय दुखकारी ॥
सुरपति नरपति खगपति हू की, भोग न आस निवारी।
'दौल' त्याग अब भज विराग सुख ज्यों पावे शिवनारी ॥

अर्थ–हे भाइयो ! भोगों से प्रेम मत करो, अपितु इन्हें सर्प के समान समझो। अरे, सर्प के डसने से तो एक ही बार मृत्यु होती है, किन्तु भोग तो अनन्त बार मृत्यु करानेवाले हैं। जिस प्रकार खारा पानी पीने से प्यास बुझती नहीं, अपितु बढ़ती ही है, उसी प्रकार भोगों का सेवन करने से तृष्णा की प्यास बढ़ती ही जाती है।

हे भाइयो ! ये भोग रोग, वियोग, शोकादि के वन के लिए तो बादल के समान हैं, किन्तु समतारूपी बेल के लिए कुठार के समान हैं। ये भोग इतना भारी दुःख देते हैं कि हाथी का शत्रु सिंह भी उतना दुःख नहीं दे सकता है। स्वर्ग के देव भी इन भोगों में लिप्त रहने के कारण वनस्पति बन जाते हैं। मुरारी को भी इन्हीं भोगों के कारण नरक की प्राप्ति हुई थी। जो जीव इन भोगों से विरक्त हो जाते हैं, उनकी इन्द्र भी पूजा करते हैं। सच्चे सुख से परिचित होने का

अधिकार भी उन्हीं जीवों को है। ये भोग पराधीन हैं, क्षणभंगुर हैं और पापबन्ध के कारण हैं। जो जीव इनमें सुख समझते हैं, वे आक को ही आम समझते हैं। मछली, हाथी, पतंगा, भौंरा और हिरण—ये जीव भी इन्हीं भोगों के वशीभूत होकर महादुःखी होते हैं। ये भोग सेवन करते समय तो किंपाकफल के समान सुन्दर लगते हैं, किन्तु परिपाक के समय बहुत दुःख देनेवाले हैं।

कविवर दौलतराम कहते हैं कि हे भाइयो ! ये भोग इन्द्र, नरेन्द्र, खगेन्द्र की भी इच्छा पूरी नहीं कर पाते हैं; अतः अब तो इन्हें त्याग दो और वैराग्य-सुख का सेवन करो, ताकि तुम्हें मुक्ति-स्त्री की प्राप्ति हो।

(115)

कुमति कुनारि नहीं है भली रे, सुमति-नारि सुन्दर गुणवाली ॥
वासों विरचि रचो नित यासों, जो पावो शिवधाम गली रे।
वह कुबजा दुखदा यह राधा, बाधा टारन करन रली रे ॥
वह कारी पर सों रति ठानत, मानत नाहिं न सीख भली रे।
यह गोरी चिद्गुण-सहचारिन, रमति सदा स्वसमाधि-थली रे ॥
वा सँग कुथल कुयोनि बस्यो नित, तहाँ महादुख-बेलि फली रे।
या सँग रसिक भविन की निज में, परिणति 'दौल' भई न चली रे ॥

अर्थ—हे भाइयो ! कुमतिरूपी स्त्री अच्छी नहीं है, बुरी है तथा सुमतिरूपी स्त्री सुन्दर और गुणवाली है, अतः कुमतिरूपी स्त्री से विरक्त होओ और सुमतिरूपी स्त्री से अनुराग करो, ताकि तुम्हें मोक्षमार्ग की प्राप्ति हो।

हे भाइयो ! कुमतिरूपी स्त्री तो क़ुब्जा और दुःखदाई है, तथा सुमतिरूपी स्त्री राधा है, दुःख दूर करनेवाली है और सुख उत्पन्न करनेवाली है। कुमतिरूपी स्त्री काली है, पर से प्रेम करती है और अच्छी शिक्षा को नहीं मानती है, किन्तु सुमतिरूपी स्त्री गोरी है, चैतन्यगुण के ही साथ विचरण करती है और सदा अपने समाधि-स्थल पर ही रमण करती है।

कविवर दौलतराम कहते हैं कि हे भाइयो ! तुम कुमतिरूपी स्त्री की संगति से सदा बुरे स्थानों और बुरी योनियों में रहे हो, जहाँ अनन्त दुःख की बेल बढ़ती रहती है, किन्तु जो भव्यजीव सुमतिरूपी स्त्री की संगति के रसिक हैं, उनका परिणमन आत्मा में ऐसा होता है कि एक बार हुआ सो हुआ, वह फिर कभी वहाँ से चलायमान नहीं होता।

(116)

मोहिड़ा रे जिय, हितकारी न सीख सम्हारै।
भव-वन भ्रमत दुखी लखि याको, सुगुरु दयाल उचारै॥
विषय-भुजंगम संग न छोड़त, जो अनन्त भव मारै।
ज्ञान-विराग-पियूष न पीवत, जो भव-व्याधि विडारै॥
जाके संग दुरें अपने गुण, शिवपद अन्तर पारै।
ता तन को अपनाय आप चिन्मूरत को न निहारै॥
सुत दारा धन काज साज अघ, आपन काज बिगारै।
करत आपको अहित आपकर, ले कृपान जल दारै॥
सही निगोद नरक की वेदन, वे दिन नाहिं चितारै।
'दौल' गयी सो गयी अबहू नर ! धर दृग-चरन-निहारै॥

अर्थ–अरे ! यह मोही जीव कल्याणकारी शिक्षा को ग्रहण नहीं करता !

दयालु सद्गुरु इसे संसाररूपी वन में भटकते हुए एवं अत्यन्त दुःखी होते हुए देखकर पुकार रहे हैं; किन्तु यह विषयरूपी सर्पों की संगति नहीं छोड़ रहा है जो अनन्त जन्मों में मृत्यु देनेवाले हैं तथा ज्ञान-वैराग्य रूपी अमृत का पान नहीं कर रहा है जो संसार-रोग को दूर कर देता है।

यह मोही जीव, जिसकी संगति से अपने गुण लुप्त हो जाते हैं और जो मोक्षपद में व्यवधान डालता है–ऐसे शरीर को तो अपनाए हुए हैं, किन्तु अपने चैतन्य स्वरूप की ओर नहीं देखता है।

यह मोही जीव पुत्र, स्त्री, धन आदि के कार्यों के लिए पाप-संचय करके अपना ही कार्य बिगाड़ रहा है, अपने ही हाथों में कृपाण लेकर अपना अहित कर रहा है। उन दिनों की याद नहीं करता, जब इसने इन्हीं पापों के कारण निगोद एवं नरक की घोर वेदना सहन की थी।

कविवर दौलतराम कहते हैं कि हे नर ! जो हुआ सो हुआ, अब भी सम्यग्दर्शन-ज्ञान-चारित्र को धारण कर ले।

(117)

लखो जी या जिय भोरे की बातें, नित करत अहित हित-घातें॥
जिन गणधर मुनि देशव्रती, समकिती सुखी नित जातें।
सो पय ज्ञान न पान करत न अघात विषय-विष खातें॥

दुखस्वरूप दुखफलद जलद सम, टिकत न छिनक विलातें।
तजत न जगत न भजत पतित नित, रंच न फिरत तहाँ तें॥
देह गेह धन नेह ठान अति, अघ संचत दिन रातें।
कुगति विपति फल की न भीत, निश्चिन्त प्रमाद दशा तें॥
कभी न होय आपनों पर द्रव्यादि पृथक चतुधा तें।
पै अपनाय लहत दुख शठ नभ, हतन चलावत लातें॥
शिवगृहद्वार सार नरभव यह, लहि दश दुर्लभता तें।
खोवत ज्यों मणि काग उड़ावत, रोवत रंकपना तें॥
चिदानन्द निर्द्वन्द स्वपद तज, अपद विपदपद रातें।
कहत सुसिख गुरु गहत नहीं उर, चहत न सुख समता तें॥
जैन बैन सुनि भवि बहु भवहर, छूटे द्वन्द दशा तें।
तिनकी सुकथा सुनत न मुनत न, आतम बोध कला तें॥
जे जन समुझि ज्ञान-दृग-चारित, पावन पय वर्षा तें।
ताप विमोह हर्यो तिनको ज़स, 'दौल' त्रिभौन विख्यातें॥

अर्थ–हे भाइयो ! जरा इस अज्ञानी जीव की बात तो देखो ! यह हमेशा अपने हित का नाश करके अपना अहित करता रहता है।

यह अज्ञानी जीव, जिसके कारण जिनेन्द्र, मुनिराज, देशव्रती श्रावक और सम्यग्दृष्टि जीव सदा सुखी रहते हैं, उस ज्ञानरूपी अमृत का पान तो नहीं करता है और विषयरूपी विष को खाते हुए कभी इसका जी नहीं भरता है।

संसार के ये विषय दुःखस्वरूप हैं, दुःखरूप फल को देनेवाले हैं और बादल के समान क्षणभंगुर हैं, अनित्य हैं; किन्तु फिर भी यह अज्ञानी जीव उनकी ओर से किंचित् भी विमुख नहीं होता, अपितु उन्हीं की इच्छा करता है।

यह अज्ञानी जीव शरीर, मकान, धनादि से बहुत प्रेम करके रात-दिन घोर पाप का संचय करता रहता है। इसे इस तरह का कोई भय नहीं है कि उसे इसके फलस्वरूप खोटी गति में जाकर घोर दुःख सहन करना होगा। यह तो प्रमाद दशा में निश्चिन्त पड़ा है।

यद्यपि जगत के समस्त परपदार्थ द्रव्य, क्षेत्र, काल एवं भाव–इन चारों ही प्रकारों से पृथक् हैं, वे कदापि अपने नहीं हो सकते हैं, परन्तु यह मूर्ख उनको अपना समझकर घोर दुःख उठाता है। मानो आकाश को मारने के लिए लात मारता है।

यह अज्ञानी जीव, जो मनुष्य भव मोक्षरूपी मन्दिर का द्वार है, अत्यन्त श्रेष्ठ है और बड़ी कठिनाई से प्राप्त हुआ है, उसे भी व्यर्थ ही खो रहा है और वैसी बात कर रहा है जैसे कोई मूर्ख कौआ उड़ाने के लिए बहुमूल्य मणि को फेंक दे और फिर रंक होकर रोवे।

यह अज्ञानी जीव अपने चिदानन्दस्वरूपी निर्द्वन्द्व पद को छोड़कर विपत्ति के कारणभूत परपदों में लीन हो रहा है। श्रीगुरु भली शिक्षा देते हैं, पर यह उसे भी अपने हृदय में धारण नहीं करता। समताभाव से उत्पन्न सुख की अभिलाषा नहीं करता। अनन्त जीव जिनवाणी को सुनकर संसार की द्वन्द्व दशा से मुक्त हो गये हैं, किन्तु यह जीव उनकी कथा भी नहीं सुनता, आत्मज्ञान की कला प्रकट करके उसे स्वीकार भी नहीं करता।

कविवर दौलतराम कहते हैं कि जिन जीवों ने सम्यग्दर्शन-ज्ञान-चारित्र की पावन जलवर्षा से अपने मोहरूपी ताप को दूर कर दिया है, उनकी कीर्ति तीनों लोकों में विख्यात हो गयी है।

(118)

सुनो जिया ये सतगुरु की बातें, हित कहत दयाल दया तें॥
यह तन आन अचेतन है तू, चेतन मिलत न यातें।
तदपि पिछान एक आतम को, तजत न हठ शठता तैं॥
चहुँगति फिरत भरत ममता को, विषय महाविष खातें।
तदपि न तजत न रजत अभागे, दृग-व्रत-बुद्धि सुधा तें॥
मात तात सुत भ्रात स्वजन तुझ, साथी स्वारथ नातें।
तू इन काज साज गृह को सब, ज्ञानादिक मत घातें॥
तन धन भोग सँयोग सुपन सम, बार न लगत बिलातें।
ममत न कर भ्रम तज तू भ्राता, अनुभव ज्ञानकला तें॥
दुर्लभ नरभव सुथल सुकुल है, जिन-उपदेश लहा तें।
'दौल' तजो मन सों ममता ज्यों, निवड़ो द्वन्द दशा तें॥

अर्थ–हे जीव ! दयालु सद्गुरु तुझ पर दया करके तेरे हित की बात कह रहे हैं, तू उनको ध्यान से सुन।

हे जीव ! यह शरीर तुझसे भिन्न अचेतन है और तू चेतन आत्मा है। शरीर और आत्मा कभी एक-दूसरे से मिलते नहीं हैं; तथापि तू शरीर और आत्मा को

एक मानता है और अज्ञानवश अपनी हठ नहीं छोड़ता है।

हे जीव ! यद्यपि तू इस तरह अपनी ममत्वबुद्धि का पोषण करते हुए और विषयरूपी विष का भक्षण करते हुए चतुर्गति में भ्रमण कर रहा है, तथापि तू बड़ा अभागा है कि इनका त्याग नहीं करता और सम्यग्दर्शन-ज्ञान-चारित्ररूपी अमृत से अपने आपको प्रसन्न नहीं करता।

हे जीव ! माता, पिता, पुत्र भाई आदि सभी स्वजन स्वार्थ के साथी हैं। तू उनके लिए गृहादि के सांसारिक कार्यों को कर-करके अपने ज्ञानादि का घात मत कर। ये तन-धन-भोगादि के संयोग तो स्वप्न के समान हैं, इनके विलीन होने में कोई देर नहीं लगती; अतः तू इनसे भी ममत्व मत कर और ज्ञानकला के अनुभव से समस्त भ्रम का त्याग कर दे।

कविवर दौलतराम कहते हैं कि हे जीव ! तूने अब इस अत्यन्त दुर्लभ मनुष्य भव, शुभ क्षेत्र, उच्च कुल और जिनेन्द्र भगवान के उपदेश को प्राप्त किया है, अतः अब अपने मन से ममता का सर्वथा त्याग कर दे, ताकि इस द्वन्द्व दशा से तेरा उद्धार हो जाय।

(119)

गुरु कहत सीख इम बार-बार, विष-सम विषयनि को टार-टार[1] ॥
इन सेवत अनादि दुख पायो, जन्म-मरण बहु धार-धार।
कर्माश्रित बाधाजुत फाँसी, बन्ध बढ़ावन द्वन्दकार।
ये न इन्द्रि के तृप्ति हेतु जिम, तिस न बुझावत क्षार वार।
इनमें सुख-कल्पना अबुध के, बुधजन मानत दुख प्रचार।
इन तजि ज्ञानपियूष चख्यो तिन[2] 'दौल' लही भव-वार पार॥

अर्थ–सद्गुरु बारम्बार शिक्षा देते हैं कि हे जीव ! ये इन्द्रिय-विषय विष के समान हैं, इनको छोड़ो ! छोड़ो !! इनके सेवन से ही तुमने अनादिकाल से बहुत जन्म-मरण धारण कर-करके अनन्त दुःख उठाया है।

ये इन्द्रिय-विषय कर्माधीन हैं, बाधा-सहित हैं, बन्धस्वरूप हैं, बन्ध को बढ़ानेवाले हैं और द्वन्द्व उत्पन्न करनेवाले हैं। जिस प्रकार खारा पानी प्यास नहीं बुझाता, उसी प्रकार ये इन्द्रिय-विषय आत्मा को तृप्त नहीं करते। इनमें सुख की कल्पना अज्ञानी जीव को ही होती है, ज्ञानी जीव तो इनमें दुःख की वृद्धि ही मानते हैं।

पाठान्तर–1. विष-सम विषयनि को टार-टार, गुरु कहत सीख इम बार-बार। 2. नित।

कविवर दौलतराम कहते हैं कि जिन जीवों ने इन इन्द्रिय-विषयों का त्याग करके ज्ञानरूपी अमृत का स्वाद लिया है, उन्होंने ही संसार-सागर को पार किया है।

(120)

विषयोंदा मद भानै, ऐसा है कोई बे।
विषय दुःख अरु दुखफल तिनको, यों नित चिन्तन ठानै॥
अनुपयोग उपयोग स्वरूपी, तन चेतन को मानै।
वरनादिक रागादि भाव तैं, भिन्न रूप निज जानै॥
स्व-पर जान रुष-राग हान निज, में निज परिणति सानै।
अन्तर-बाहिर को परिग्रह तजि, 'दौल' बसे शिवथानै॥

अर्थ–ऐसा जीव कोई विरला ही होता है जो विषयों के मद को चकनाचूर कर दे और सदैव अपने चित्त में ऐसा भाव रखे कि ये विषय दुःखरूप हैं एवं इनका फल भी दुःख ही है।

ऐसा जीव कोई विरला ही होता है जो शरीर को तो ज्ञान-दर्शन से रहित अनुपयोग-स्वरूपी मानता है और आत्मा को ज्ञान-दर्शन से सहित उपयोग-स्वरूपी मानता है। ऐसा ही जीव अपने स्वरूप को समस्त वर्णादि एवं रागादि भावों से भिन्न जानता है।

कविवर दौलतराम कहते हैं कि ऐसा जीव कोई विरला ही होता है जो स्व और पर को उक्त प्रकार से पृथक्-पृथक् जानकर और राग-द्वेष का अभाव कर अपनी परिणति को अपने में ही लीन कर दे तथा समस्त बाह्याभ्यन्तर परिग्रह का त्याग करके मोक्ष में जा बसे।

(121)

मैं[1] भाखूँ हित तेरा, सुनि हो मन मेरा॥
नर नरकादिक चारों गति में, भटको[2] तू अधिकानी।
पर परिणति में प्रीति करी निज, परिणति नाहिं पिछानी।
सहै दुख क्यों न घनेरा॥
कुगुरु कुदेव कुपन्थ पंक फँसि, तैं बहुत खेद लहायो।

पाठान्तर–1. X। 2. भटक्यो।

शिवसुख दैन जैन जग-दीपक, सो तैं कबहु न पायो।
मिट्यो न अज्ञान-अँधेरा॥
दर्शन-ज्ञान-चरन निधि तेरी, सो विधि-ठगन ठगी है।
पाँचों इन्द्रिन के विषयन में, तेरी बुद्धि लगी है।
भया इनका तू चेरा॥
तू जगजाल विषें बहु उरझ्यो, अब कर ले सुरझेरा।
'दौलत' नेमि-चरन-पंकज का, हो तू भ्रमर सबेरा।
नशै ज्यों दुख भव केरा॥

अर्थ–हे मेरे मन ! तू सुन। मैं तेरे हित की बात कहता हूँ। तूने मनुष्य, नरक आदि चारों गतियों में बहुत भ्रमण किया है। तूने आज तक कभी निज-परिणति की पहचान नहीं की है, अपितु सदा पर-परिणति से ही प्रीति की है। ऐसी स्थिति में तू अनन्त दुःख क्यों नहीं सहन करेगा ? अर्थात् अवश्य सहन करेगा।

हे मेरे मन ! तूने कुगुरु-कुदेव-कुधर्म के कीचड़ में फँसकर बहुत दुःख उठाये हैं, किन्तु मोक्षसुख देनेवाले और सारे जगत को दीपक के समान प्रकाशित करनेवाले जिनेन्द्र देव-गुरु-धर्म की शरण नहीं प्राप्त की। यही कारण है कि तेरा अज्ञान-अन्धकार मिटा नहीं।

हे मेरे मन ! सम्यग्दर्शन, सम्यग्ज्ञान और सम्यक्चारित्र ही तेरा सच्चा वैभव है, जिसे कर्मरूपी ठगों ने ठग रखा है; किन्तु तेरा ध्यान उधर नहीं है। तेरा उपयोग तो पंचेन्द्रियों के विषयों की ओर लगा हुआ है। तू उन ही का दास बना हुआ है।

कविवर दौलतराम कहते हैं कि हे मेरे मन ! तू संसार के जाल में बहुत उलझ चुका है, परन्तु अब तो अपने आपको सुलझा ले और शीघ्र भगवान नेमिनाथ के चरण-कमलों का भ्रमर बन जा, ताकि तेरे संसार-दुःख का नाश हो जाय।

(122)

जम आन अचानक दाबेगा।
छिन छिन कटत घटत थिति ज्यों जल, अंजुलि का झर जावेगा॥
जन्म-ताल-तरु तें पर जिय-फल, कों लग बीच रहावेगा।
क्यों न विचार करै नर आखिर, मरन-मही में आवेगा॥
सोवत मृत जागत जीवत ही, श्वासा जो थिर थावेगा।
जैसें कोऊ छिपै सदा सौं, कबहूँ अवसि पलावेगा॥

कहूँ कबहूँ कैसे हू कोऊ, अन्तक से न बचावेगा।
सम्यग्ज्ञान पियूष पिये सों, 'दौल' अमर पद पावेगा॥

अर्थ–हे भाई ! यमराज तुझे एक दिन अचानक अपने तले दबा लेगा। समय क्षण-क्षण करके उसी तरह कटता जा रहा है, आयुकर्म की स्थिति शनैः-शनैः उसी तरह घटती जा रही है, जिस तरह अंजुलि का जल निकलता है।

हे भाई ! तू इसका विचार क्यों नहीं करता है कि जन्मरूपी ताड़ के वृक्ष से गिरा हुआ जीवरूपी फल बीच में कब तक रहेगा ? आखिर तो मृत्युरूपी भूमि पर आएगा ही।

जैसे कोई व्यक्ति कहीं छुपा हुआ हो, तो वह कभी-न-कभी अवश्य भाग ही जाता है, उसी प्रकार यह श्वास भी एक दिन अवश्य रुक जाएगी।

हे भाई ! तुझे कहीं भी, कभी भी, कैसे भी और कोई भी मृत्यु से नहीं बचा सकेगा। कविवर दौलतराम कहते हैं कि सम्यग्ज्ञानरूपी अमृत का पान करने से ही जीव को अमरपद की प्राप्ति होती है।

(123)

(जकड़ी)

वृषभादि जिनेश्वर ध्याऊँ, शारद अम्बा चित लाऊँ।
द्वै विधि परिग्रह परिहारी, गुरु नमहुँ स्व-पर-हितकारी॥
हितकार तारक देव-श्रुत-गुरु परख निज उर लाइये।
दुखदाय कुपथ विहाय शिव-सुखदाय जिनवृष ध्याइये॥
चिरतें कुमग पगि मोह ठग करि ठग्यो भवकानन पर्यो।
ब्यालीस द्वै लख योनि में जर-मरन-जामन दव जर्यो ॥1॥

जब मोहरिपु दी[1] घुमरिया, तस वश निगोद में परिया।
तहँ स्वास एक के माहीं, अष्टादश मरन लहाहीं॥
लहि मरन अन्तर्मुहूर्त में छ्यासठ सहस शत तीन ही।
षट् तीस, काल अनन्त यों दुख सहे उपमा ही नहीं॥
कबहू लही वर आयु क्षिति जल पवन पावक तरु तणी।
तस भेद किंचित कहूँ सो सुन कह्या जो गौतम गणी ॥2॥

पाठान्तर–1. दीनी।

पृथिवी दो भेद बखाना, मृदु माटी कठिन पखाना।
मृदु द्वादश सहस बरस की, पाहन बाईस सहस की ॥
पुनि सहस सात कही उदक त्रय सहस वर्ष समीर की।
दिन तीन पावक दश सहस तरु प्रमित नाश सुपीर की ॥
बिन घात सूक्षम देह धारी घात-जुत गुरु तन लह्यो।
तहँ खनन तापन जलन व्यंजन छेद भेदन दुख सह्यो ॥3॥

शंखादि दुइन्द्री प्रानी, थिति द्वादश वर्ष बखानी।
यूंकादि ते-इन्द्री हैं जे, वासर उनचास जियें ते ॥
जीवै छ-मास अली प्रमुख व्यालीस सहस उरग तनी।
खग की बहत्तर सहस नव-पूर्वांग सरिसृप की भनी ॥
नर मत्स्य पूरब कोटि की थिति कर्मभूमि बखानिये।
जलचर विकल बिन भोग भू नर-पशु त्रिपल्य प्रमानिये ॥4॥

अघ वश कर नरक बसेरा, भुगते तहँ कष्ट घनेरा।
छेदै तिल-तिल तन सारा, छेपै द्रहपूति मँझारा ॥
मंझार वज्रानिल पचावें धरहिं शूली ऊपरें।
सीचैं जु खारे वारि सों दुठ कहैं वृण नीके करें ॥
बैतरणि सरिता समल जल अति दुखद तरु सेंवल तने।
अति भीम वन असिक्रान्त सम दल लगत दुख देवें घने ॥5॥

तिस भू में हिम गरमाई, सुरगिरि सम अस गल जाई।
तामें थिति सिन्धु तनी है, यों दुखद नरक-अवनी है ॥
अवनी तहाँ की तें निकसि कबहू जनम पायो नरो।
सर्वांग सकुचित अति अपावन जठर जननी के परो ॥
तहँ अधोमुख जननी रसांश थकी जियो नव मास लों।
ता पीर में कोउ सीर नाहीं सहै आप निकास लों ॥6॥

जनमत जो संकट पायो, रसना तें जात न गायो।
लहि बालपने दुख भारी, तरुनापु लह्यो दुखकारी ॥
दुखकारि इष्ट-वियोग अशुभ-संयोग सोग सरोगता।
पर-सेव ग्रीषम शीत पावस सहै दुख अति भोगता ॥

काहू कुतिय काहू कुबान्धव कहुँ सुता व्यभिचारिणी।
किसहू विसनरत पुत्र दुष्ट कलत्र कोऊ पर ऋणी ॥7॥

वृद्धापन के दुख जेते, लखिये सब नैननतें ते।
मुख लार बहै तन हालै, बिन शक्ति न वसन सँभालै ॥
न सँभाल जाके देह की तो कहो वृष की क्या कथा ?
तब ही अचानक आन जम गहै मनुज-जन्म गयो वृथा ॥
काहू जनम शुभ ठान किंचित लह्यो पद चउदेव को।
अभियोग किल्विष नाम पायो सह्यो दुख परसेव को ॥8॥

तहँ देख महा सुर-ऋद्धी, झूरो विषयन करि गृद्धि।
कबहू परिवार नसानो, शोकाकुल है बिललानो ॥
विललाय जब अति मरन निकट्यो सह्यो संकट मानसी।
सुर-विभव दुखद लगी तबै जब लगी[1] माल मलान-सी ॥
तबही जु सुर उपदेश हित समुझाइयो समुझ्यो न त्यों।
मिथ्यात्वजुत च्युत कुगति पाई लहै सो फिर स्वपद क्यों ॥9॥

यों चिर भव-अटवी माहीं, किंचित साता न लहाई।
जिनकथित धरम नहिं जान्यो, पर माहिं अपनपो मान्यो ॥
मान्यो न सम्यक त्रयात्मक, आतम अनातम में फँस्यो।
मिथ्या चरण-दृग-ज्ञान रंज्यो जाय नवग्रीवक बस्यो ॥
पै लह्यो नहिं जिन-कथित शिवमग वृथा भ्रम भूल्यो जिया।
चिद्भाव के दरसाव बिन सब गये अहले तप किया ॥10॥

अब अद्भुत पुण्य उपायो, कुल जाति विमल तू पायो।
यातें सुन सीख सयाने, विषयन तें[2] रति मत ठाने ॥
ठाने कहा रति विषय में ये विषम विषधर सम लखौ।
यह देह मरन अनन्त इनको त्यागि आतमरस चखौ।
या रस रसिक जन बसे शिव अब बसें पुनि बसिहैं सही।
'दौलत' स्व-रुचि पर-विरचि सतगुरु सीख नित उर धर यही ॥11॥

अर्थ—मैं ऋषभादि जिनेन्द्रों का ध्यान करता हूँ, जिनवाणी माता का स्मरण

पाठान्तर—1. लखी। 2. सों।

करता हूँ और बाह्याभ्यन्तर परिग्रह से रहित एवं स्व-पर-कल्याणकारी गुरुओं को प्रणाम करता हूँ।

हे भाई ! स्व-पर-कल्याणकारी एवं संसार-सागर से पार उतारनेवाले देव-शास्त्र-गुरु को भली प्रकार परीक्षा करके अपने हृदय में धारण करो और दुःखदाई मिथ्यामार्ग को छोड़कर मोक्षसुखप्रदायी जिनधर्म की उपासना करो।

अनादिकाल से आज तक तुम मिथ्यामार्ग में कदम रखकर मोहरूपी ठग के द्वारा बहुत ठगाये गये हो और संसाररूपी वन में गिरकर चौरासी लाख योनियों में जन्म-जरा-मृत्युरूपी अग्नि से जले हो ॥1॥

हे भाई ! तुमको मोहरूपी शत्रु ने ऐसा चक्कर दिया कि तुम उसके वशीभूत होकर निगोद में जा गिरे और वहाँ एक श्वास में अठारह बार मरण को प्राप्त हुए। इस प्रकार तुमने वहाँ एक अन्तर्मुहूर्त में 66,336 बार मरण करके ऐसे अनन्त दुःख सहन किये हैं कि उनकी कोई उपमा ही नहीं है।

निगोद से निकलने के बाद तुमने पृथ्वी, जल, अग्नि, वायु और वनस्पति की भली आयु धारण की। उनके विषय में गौतम गणधर ने संक्षेप में यह कहा है कि पृथ्वी के दो भेद हैं : मृदुरूप मिट्‌टी और कठिनरूप पाषाण। मृदुरूप मिट्टी की आयु बारह हजार वर्ष है, कठोररूप पाषाण की आयु बाईस हजार वर्ष है, जलकायिक जीव की आयु सात हजार वर्ष है, वायुकायिक जीव की आयु तीन हजार वर्ष है, अग्निकायिक जीव की आयु तीन दिन है और वनस्पतिकायिक जीव की आयु दस हजार वर्ष है।[1]

पुनश्च, इन सभी के दो भेद होते हैं : सूक्ष्म और बादर। जो बाधा-रहित होते हैं वे सूक्ष्म हैं और जो बाधा-युक्त हैं वे स्थूल हैं।

हे भाई ! तुमने इन पंच स्थावर कायों में खोदना, तपाना, जलाना, हिलाना और छेदन-भेदन के अपार दुःखों को सहन किया है ॥2-3॥

इसके बाद द्वीन्द्रियादि पर्यायों में भी तुमने चिरकाल तक अपार दुःख सहन किया है। शंखादि द्वीन्द्रिय जीवों की आयु बारह वर्ष है, जूं आदि त्रीन्द्रिय जीवों की आयु 49 दिन है, भ्रमर आदि चतुरिन्द्रिय जीवों की आयु 6 माह है, सर्पादि की आयु 42 हजार वर्ष है, पक्षियों की आयु 72 हजार वर्ष है, सरीसृप की आयु 9 पूर्वांग है, कर्मभूमि में उत्पन्न होनेवाले नर-मत्स्यादि जीवों, जलचर जीवों और असंज्ञी पंचेन्द्रिय जीवों की आयु एक कोटिपूर्व है और भोगभूमि में उत्पन्न होनेवाले मनुष्य, पशु आदि की आयु तीन पल्य है[2] ॥4॥

---

1. यहाँ सर्वकथन उत्कृष्ट आयु की अपेक्षा है; क्योंकि जघन्य आयु तो सर्वत्र अन्तर्मुहूर्त है।
2. यहाँ भी सर्वकथन उत्कृष्ट आयु की अपेक्षा है।

इसके बाद तुमने पाप के वशीभूत होकर नरक में निवास किया और वहाँ भी घोर दुःख सहन किया। वहाँ सारे शरीर के तिल के बराबर के टुकड़े-टुकड़े कर देते हैं, दुर्गन्धित तालाब में डाल देते हैं, तेज अग्नि में पकाते हैं, शूली पर चढ़ा देते हैं, खारे पानी से घावों को सींचते हैं और ऊपर से दुष्ट ऐसा कहते हैं कि हम तुम्हारे घावों को ठीक कर रहे हैं। वहाँ वैतरणी नदी का गन्दा जल भी बहुत दुःखदायी है। वहाँ सेमर नामक वृक्षों के भयानक वन हैं और उन वृक्षों के पत्ते तलवार की धार के समान हैं जिनका स्पर्श होते ही अपार दुःख होता है ॥5॥

नरक भूमि में सर्दी-गर्मी ऐसी है कि सुमेरु पर्वत के समान लौह का गोला भी गल जाता है। वहाँ सागरों की आयु होती है। इस प्रकार नरकभूमि भी अत्यन्त दुःखदायी है।

इसके बाद तुमने किसी शुभकर्म के उदय से नरकभूमि से निकलकर मनुष्यजन्म को प्राप्त किया; किन्तु यहाँ भी मनुष्यगति के अपार दुःखों को ही सहन किया। सर्वप्रथम तो यहाँ तुम नौ माह तक माता के अत्यन्त अपवित्र पेट में अपने सारे अंगों को सिकोड़कर उल्टा मुँह करके माता के रस को ग्रहण करते हुए जीवित रहे। वहाँ तुम्हारी पीड़ा को बँटानेवाला कोई नहीं रहा, तुमने स्वयं अकेले ही जन्म होने तक सहन किया ॥6॥

जन्म होने के तुरन्त बाद भी तुमने इतना अपार दुःख सहन किया कि उसे जिह्वा से कहा नहीं जा सकता। इसी प्रकार बालावस्था और युवावस्था में भी तुमने बहुत दुःख सहन किया। इष्ट-वियोग, अनिष्ट-संयोग, रोग, शोक, पराधीनता, ग्रीष्म, बरसात आदि के भी अत्यन्त दुःख भोगे। यहाँ किसी की स्त्री बुरी है, किसी का भाई बुरा है, किसी की पुत्री व्यभिचारिणी है, किसी का पुत्र दुर्व्यसनी है, किसी की पत्नी दुष्ट है और कोई दूसरे का ऋणी है ॥7॥

इस प्रकार यहाँ सबको अपार दुःख है। वृद्धावस्था में तो जो भारी दुःख हैं, वे सबको आँखों से दिखाई दे रहे हैं। इस अवस्था में मुँह से लार टपकती रहती है, शरीर काँपता रहता है, शक्ति इतनी क्षीण हो जाती है कि अपने शरीर के वस्त्र भी नहीं सँभाले जाते। इस प्रकार जब अपने शरीर की ही सँभाल नहीं हो पाती तो धर्म की सँभाल करने की बात कैसे हो ? इसी समय अचानक यमराज आकर पकड़ लेता है और सारा मनुष्यजन्म व्यर्थ चला जाता है।

इसके बाद तुमने किसी जन्म में कुछ शुभ कर्म उपार्जित करके चतुर्विध

देवगति को प्राप्त किया। यहाँ तुम आभियोग्य और किल्विषिक[1] जाति के देव भी बने, जिसमें तुमने दूसरों की सेवा करने का बहुत दुःख सहन किया। यहाँ तुम बड़े देवों की ऋद्धियों को देखकर भी अपने मन में बहुत दुःखी हुए और सदा विषयों में ही आसक्त रहे। कभी तुम्हारा परिवार नष्ट हुआ तो भी तुम शोकाकुलित होकर बहुत दुःखी हुए। इसके बाद जब तुम्हारा मृत्युकाल समीप आया और तुम्हें अपनी माला मुरझायी हुई दिखाई दी, तब तो तुम्हें बहुत ही अधिक मानसिक दुःख हुआ और तुम्हें देवगति का सारा ही वैभव दुःखदायी लगने लगा। तुम उस समय किसी अन्य देव के द्वारा हितकारी उपदेश देकर समझाने पर भी समझे नहीं और मिथ्यात्व-सहित ही वहाँ से छूटकर ऐसी कुगति को प्राप्त हुए, जिसमें स्वपद की प्राप्ति नहीं हो सकती ॥9॥

इस प्रकार हे भाई ! तुमने अनादिकाल से आज तक संसाररूपी वन में भटकते हुए किंचित् भी सुख नहीं प्राप्त किया है, क्योंकि तुमने जिनेन्द्र-कथित धर्म को नहीं समझा और परपदार्थों में ही अपनापन माना। तुमने सम्यग्दर्शन-ज्ञान-चारित्रमय आत्मा का तो श्रद्धान नहीं किया और तुम अनात्मभूत परपदार्थों में ही उलझे रहे। तुमने मिथ्यादर्शन-ज्ञान-चारित्र में लीन रहने के कारण नवग्रैवेयक तक जाने पर भी जिनेन्द्र-कथित मोक्षमार्ग को नहीं प्राप्त नहीं किया और तुम व्यर्थ ही भ्रम में भूले रहे। तुम्हारी तप आदि की बाह्य क्रियाएँ भी चैतन्यस्वभाव के दर्शन बिना निष्फल चली गयीं ॥10॥

हे भाई ! अब तुमने कोई अद्भुत पुण्य उपार्जित किया है जो ऐसे उत्तम कुल और जाति को प्राप्त किया है, अतः अब तुम ज्ञानियों की शिक्षा को अंगीकार करो और विषयों से प्रेम मत करो। ये विषय भयंकर विषधर के समान हैं। ये तुमको अनन्त बार मरण करानेवाले हैं; अतः तुम इनको त्यागकर आत्मरस का स्वाद ग्रहण करो। आत्मरस के रसिक जन ही भूतकाल में मोक्ष गये हैं, वर्तमान में जा रहे हैं और भविष्य में भी जाएँगे।

कविवर दौलतराम कहते हैं कि हे भाई ! तुम अपने हृदय में सद्गुरु की इस शिक्षा को सदा धारण करो कि स्व में अनुरक्त होओ और पर से विरक्त होओ ॥11॥

---

1. 'तत्त्वार्थसूत्र' (अध्याय 4, सूत्र 4) में आचार्य उमास्वामी ने देवों की इन दश जातियों का उल्लेख किया है : इन्द्र, सामानिक, त्रायस्त्रिंश, पारिषद, आत्मरक्ष, लोकपाल, अनीक, प्रकीर्णक, आभियोग्य और किल्विषिक। इनमें से जो देव दासों की तरह सवारी आदि के काम आते हैं उनको आभियोग्य कहते हैं और जो चाण्डालादि की भाँति निम्नश्रेणी का कार्य करते हैं उनको किल्विषिक कहते हैं।

(जकड़ी)

अब मन मेरा बे[1], सीख वचन सुन मेरा।
भज जिनवर पद बे, ज्यों[2] विनसे दुख तेरा ॥
विनसे दुख तेरा भव-वन केरा, मन-वच-तन जिन-चरन भजौ।
पंच करन वश राख सु प्रानी, मिथ्यामत मग दौर तजौ ॥
मिथ्यामत-मग-पगि अनादि तें, तैं चहुँगति कीना फेरा।
अबहू च्रेत अचेत होय मत, सीख वचन सुन मन मेरा ॥1॥

इस भव-वन में बे, तैं साता नहिं पाई।
वसु विधि वश है बे, तैं निज सुधि विसराई ॥
तैं निज सुधि विसराई भाई, तातें विमल न बोध लहा।
पर परिणति में मगन भयो तू, जन्म-जरा-मृत दाह दहा ॥
जिनमत सार सरोवर को अव, गाहि लाग निज चिन्तन में।
तो दुखदाह नसै सब नाँतर, फेर फँसे इस भव-वन में ॥2॥

इस तन में तू बे, क्या गुन देख लुभाया।
महा अपावन बे, सतगुरु याहि बताया ॥
सतगुरु याहि अपावन गाया, मल-मूत्रादिक का गेहा।
कृमिकुल-कलित लखत घिन आवे, यासों क्या कीजे नेहा ?
यह तन पाय लगाय आपनी, परिणति शिवमग-साधन में।
तो दुखद्वन्द नसै सब तेरा, यही सार है इस तन में ॥3॥

भोग भले न सही, रोग शोक के दानी।
शुभ गति रोकन बे, दुर्गति-पथ अगवानी ॥
दुर्गति-पथ अगवानी हैं जे, जिनकी लगन लगी इनसों।
तिन नाना विधि विपति सही है, विमुख भयो निजसुख तिनसों ॥
कुंजर झख अलि शलभ हिरन इन, एक अक्ष वश मृत्यु लही।
यातें देख समझ मन माहीं, भव में भोग भले न सही ॥4॥

पाठान्तर–1. वे। 2. जो।

काज सरे तब बे, जब निजपद आराधै।
नसै भवावलि बे, निराबाध पद लाधै ॥
निराबाध पद लाधै तब तोहि, केवल दर्शन ज्ञान जहाँ।
सुख अनन्त अति इन्द्रिय मण्डित, वीरज अचल अनन्त जहाँ ॥
ऐसा पद चाहै तो भज निज, बार-बार अब को उचरै ?
'दौल' मुख्य उपचार रतनत्रय, जो सेवै तो काज सरै ॥5॥

अर्थ–हे मन ! मेरे शिक्षाप्रद वचनों को सुन और मन-वचन-काय से जिनेन्द्रदेव के चरणों का भजन कर, ताकि तेरे संसाररूपी वन के सम्पूर्ण दुःखों का विनाश हो। हे प्राणी ! तू पंचेन्द्रियों को वश में कर और मिथ्यात्व मार्ग में दौड़ लगाना बन्द कर। अनादिकाल से अब तक तूने मिथ्यामार्ग में कदम रखकर ही चतुर्गतियों में भ्रमण किया है, अतः अब सावधान हो जा, बेहोश मत रह और मेरे शिक्षाप्रद वचनों को ध्यान से सुन ॥1॥

तूने इस संसाररूपी वन में कहीं किंचित् भी सुख नहीं प्राप्त किया है और सदा अष्ट कर्मों के वशीभूत होकर अपने को भुला रखा है इसलिए शुद्ध ज्ञान को भी प्राप्त नहीं किया है। तू अनादिकाल से ही पर-परिणति में मग्न होकर जन्म-जरा-मृत्युरूपी अग्नि में जल रहा है, अतः अब जिनधर्मरूपी श्रेष्ठ सरोवर में अवगाहन करके आत्मचिन्तन में उपयोग लगा, ताकि तेरी वह अग्नि नष्ट हो, अन्यथा तू पुनः उस संसार-वन में फँस जाएगा ॥2॥

तूने इस शरीर में ऐसी कौन-सी अच्छाई देखी है जिसके कारण तू इसमें आसक्त हो रहा है ? क्योंकि सद्गुरु तो इसे महा अपवित्र बतलाते हैं। उनके अनुसार यह शरीर मल-मूत्र आदि का घर है, कीड़ों के समूह से युक्त है, इसे देखते ही घृणा उत्पन्न होती है; अतः इससे क्या स्नेह करना ? अर्थात् यह शरीर स्नेह करने योग्य नहीं है। इस शरीर की सार्थकता तो एक इसी में है कि इसको पाकर तुम अपनी परिणति को मोक्षमार्ग की साधना में लगा दो, ताकि तुम्हारा सम्पूर्ण दुःख नष्ट हो जाये ॥3॥

ये पंचेन्द्रियों के विषय-भोग भी अच्छे नहीं हैं, अपितु रोग एवं शोक को उत्पन्न करनेवाले हैं, शुभ गति में जाने से रोकनेवाले हैं और दुर्गति के मार्ग में आगे-आगे ले जानेवाले हैं। आज तक जितने भी जीवों ने इन भोगों में आसक्ति की है, उन सबने नाना प्रकार के दुःख सहन किये हैं और आत्मसुख ने भी उनसे मुँह मोड़ लिया है। देखो ! हाथी, मछली, भौंरा, पतंगा और हिरण–ये जीव एक-एक इन्द्रिय के ही वशीभूत होकर मृत्यु को प्राप्त हो जाते हैं; अतः हे भाई !

अपने मन में यह भली प्रकार समझ लो कि संसार के भोग श्रेयस्कर नहीं हैं ॥4॥

हे भाई ! अपना कार्य तभी पूर्णतः सिद्ध होगा जब निजपद की आराधना हो, संसार के अनन्त जन्मों का नाश हो और निराबाध पद की प्राप्ति हो। निराबाध पद की प्राप्ति होने पर केवलज्ञान, केवलदर्शन, अनन्त अतीन्द्रिय सुख और अनन्त अचलवीर्य की प्राप्ति होती है।

कविवर दौलतराम कहते हैं कि हे भाई ! यदि तुम ऐसे निराबाध पद की प्राप्ति करना चाहते हो तो हम बहुत बार क्या कहें, एक निजात्मा की उपासना करो और मुख्य एवं उपचार रत्नत्रय का सेवन करो, तभी तुम्हारे आत्मिक कार्य की पूर्ण सिद्धि हो सकती है ॥5॥

विशेष--इस जकड़ी के पाँचों छन्दों की विषयवस्तु का क्रम अत्यन्त व्यवस्थित है। सर्वप्रथम पहले छन्द में कवि ने मिथ्यामार्ग का त्याग करने की प्रेरणा दी है। उसके बाद दूसरे, तीसरे और चौथे छन्द में क्रमशः संसार, शरीर एवं भोगों से विरक्त होने की प्रेरणा दी है और अन्तिम पाँचवें छन्द में निजपद की आराधनापूर्वक परमपद प्राप्त करने की बात कही है।

□□□

पदानुक्रमणिका

णाणं पयासयं

वीर नि.सं. 2470

ई.सन् 1944

भारतीय ज्ञानपीठ